Robert Keil

Deutsche Studentenlieder des 17. und 18. Jahrhunderts

Robert Keil

Deutsche Studentenlieder des 17. und 18. Jahrhunderts

ISBN/EAN: 9783743315815

Hergestellt in Europa, USA, Kanada, Australien, Japan

Cover: Foto ©Thomas Meinert / pixelio.de

Manufactured and distributed by brebook publishing software (www.brebook.com)

Robert Keil

Deutsche Studentenlieder des 17. und 18. Jahrhunderts

Wo Venus die Geſetze giebet,
 Da pflegt Minerva wegzugehn;
Und heißt's: wer allzu zeitlich liebet,
 Der läßt die lieben Bücher ſtehn;
Und iſt die Zeit einmal verlaufen,
So läßt ſie ſich nicht wieder kaufen.

Was ſind die allerſchönſten Damen?
 Ein Baum, den Gott verboten hat;
Gedenk' ich nur an ſolcher Namen,
 So hab ich ſchon der Liebe ſatt,
Und mag der Früchte nicht genießen,
Die mir das Paradieſs verſchließen.

Darzu ſo ſind die Sachen eitel,
 Sie ziehen nichts als Unfall nach,
Man kriegt die Schwindſucht in den Beutel,
 Der arme Leib wird krank und ſchwach;
Gehn mehrere auf einem Wege,
So ſetzt es Jalouſie und Schläge.

Wie mancher lebt jetzund in Freuden,
 Und mißbraucht ſeinen Ueberfluß;
Im Alter kommt darnach das Leiden,
 Daß man vor Mangel darben muß,
Denn welche lieben, wenn ſie wollen,
Die müſſen darben, wenn ſie ſollen.

Ich will ſchon andre Luſt genießen,
 Gelehrſamkeit, ich liebe dich;
Philoſophia, laß dich küſſen,
 Theologia, küſſe mich;
So ſoll mein Fuß in Ehren bleiben,
Ich will mir ſchon die Zeit vertreiben!

IX. Ich bin von Fortuna ein Soldat.

(Fragment eines Studentenliedes aus dem siebzehnten Jahrhundert, einem Stammblatt von Frankfurt a. O. aus dem Jahre 1626 entnommen.)

Ich bin von Fortuna ein Soldat,
Vmb ehr vnd reputation mein leben wag,
Vor freubten mein hertz thut lachen,
wan ich ihm selt¹) hör Stückchen vndt Kartaunen kragen.

X. Munter frisch zu Felde ziehen.

(Fragment eines Liedes aus dem siebzehnten Jahrhundert, dem Stammbuch eines Lieutenants bei der Reichs-Armee und studiosus zu Altdorf, v. Größler, aus dem Jahre 1684 entnommen.)

Munter frisch zu Felde ziehen,
Pulver, Blitz und Bley aussprühen,
Tra ra ra bum dibi bum,
Weidlich fluchen, balgen, raufen,
Und Taback mit Haufen saufen
Ist Soldaten Proprium.

XI. Ca, Ca, Courage und Degen.

(Fragment eines Studentenliedes aus dem siebzehnten Jahrhundert, einem Altdorfer Blatt vom Jahr 1692 entnommen.)

Ca ca, Courage und Degen,
Gottes reicher Segen,
Tapffer Pulffer, Kraut und Lot
Hilfft wackern Leuten auß der Noth.

---

¹) im Feld.

XII. Ich will meinen Sinn ergetzen.

(Fragment eines Studentenliedes auf einem Tübinger Studenten-Stammblatt vom Jahr 1716.)

Ich will meinen Sinn ergetzen
an Justinians Gesätzen,
Die man sonst die Rechte heißt;
Wills nicht gehen,
Muß ich sehen,
Wo die blancken Deegen klingen
Und die blauen Kugeln singen.

XIII. Nun ruht, ihr schweren Amtsgeschäfte.

(Studentenlied des achtzehnten Jahrhunderts, einem Jenenser Blatt vom Jahre 1731 entnommen.)

Nun ruht, ihr schweren Amtsgeschäfte,
Vor heute scheints genug gethan, genug gethan,
Zuviel verzehrt die besten Kräfte
Und greift den Kopf zu heftig an, zu heftig an.
Die Sonne eilt schon nach dem Meere,
Als wenn sie andern Sinnes wäre.

Du nettes Pfeifchen, laß dich nehmen,
Und nimm die Flammen wieder ein, wieder ein,
Die aller Sorgen Meister zähmen
Und lauter Liebes-Funken streun, Funken streun,
Die, wenn sie in der Dämmrung blicken,
Den halberstorb'nen Geist erquicken.

So lebe denn die beste Geige,
Worauff der Pursch sein Runda greifft, Runda greifft,

Es leben alle Amors Zweige,
An welchen sich die Rinde streifft, Rinde streifft.
Es leben alle diese Zungen,
Die dieses Runda mitgesungen!

XIV. Wo man ein fröhlich Schmollis bringet.

(Strophen eines Studentenliedes des achtzehnten Jahrhunderts; Strophe 1 und 2 von einem Jenenser Blatt aus dem Jahre 1752, Strophe 3 von einem Erlanger Blatt aus dem Jahre 1780; als Strophe 4 lassen wir ein ähnliches Göttinger Blatt vom Jahre 1765 folgen.)

Wo man ein fröhlich Schmollis bringet,
Sanguinisch scherzt und munter singet,
   Da bin ich gern.
Doch wo man murrt und Lust verachtet,
Und eh man soll, den Scherz verachtet,
   Da bleib ich fern.

Wo junge Schönen feurig küssen
Und durch den Kuß die Lust versüßen,
   Da bin ich gern.
Doch wo sie mehr als Küsse wollen
Und frech und ungebetten zollen,
   Da bleib ich fern.

Wo rother Wein in Römern blitzet
Und feurig Geist und Blut erhitzet,
   Da bin ich gern;
Doch wo man Glas auf Gläser thürmet
Und wild auf die Gesundheit stürmet,
   Da bleib ich fern.

Wo wackere Mägdgen mit mir spielen
Und in bequemen Ruhe-Stühlen,
Wenn sie den Kuß recht zärtlich fühlen,
Mich drücken und mich sanft anschielen,
    Da bin ich gern;
Doch wo mit Runzelnreichen Naßen
Die Christlich frommen alten Baaßen
Mir immer in die Ohren blasen
Und fast vor schwarzer Mißgunst raßen,
    Da bleib ich fern.

XV. Bald klopft ein bärtiger Hebräer.
(Studentenlied des achtzehnten Jahrhunderts, Jenenser Blatt vom Jahr 1755.)

Bald klopft ein bärtiger Hebräer
Und bald ein andrer Manichäer
An die verschloßne Stubenthür.
Erst gestern warf mir noch der Schneider
Die ausgenommnen Unterkleider,
Mein alter Wirth den Hauszins für.

Zwar viel Philistern bin ich schuldig,
Doch keiner ist so ungeduldig,
Als G— der verwegne Mann.
Herr, spricht er, binnen vierzehn Tagen
Besorg ein anderer seinen Magen,
Wofern er nicht bezahlen kann.

Bezahlen! O ein Wort voll Schrecken!
Ja, könnt ich harte Thaler hecken,
Er sollte bald befriedigt sein,

So aber ist mein hoffen eitel,
Denn nichts als ein gespickter Beutel
Bezwingt sein wiederholtes Dräun.

XVI. Wahl der Jenenserinnen.

(Bruchstück eines Studentenliedes aus dem vorigen Jahrhundert, auf einem Jenenser Blatte vom Jahr 1761.)

Bald bin ich dem Theologen,
Wenn er geistlich küßt, gewogen,
Bald gefällt mir der Jurist,
Bald gelingt's dem Mediciner,
Aber keinem Kaufmannsdiener,
Wenn er noch so artig ist.

XVII. Geschmack des Jenenser Studio.

(Fragment eines Studentenliedes auf einem Jenenser Studenten-Stammblatt vom Jahre 1765.)

Die ich mir zum Mädchen wähle,
Soll von aufgeweckter Seele,
Soll von schlanker Länge seyn.
Holde Sanftmuth, Witz im Scherze
Rührt mein Herze,
Nicht ein glatt Gesicht allein.

XVIII. Philister, schreib mich in dein Buch.

(Studentenlied des achtzehnten Jahrhunderts, Altdorfer Blatt vom Jahre 1765.)

Philister, schreib mich in dein Buch,
Woraus du wirst mit schaben klug,
Wo eine List von Nullen ist,
Die dir mein schwanz gemacht.

Schreib immer mit erzürnter Hand
Den nahmen an die schwarze wand,
Ich lache doch und frage noch,
Wer dir die Mühe bezahlt?

Wenn Bursche aus dem Bann und Gränzen
Entweichen und Philister schwänzen,
So reiten sie zum Thor hinaus
Und lachen die Philister aus.

XIX. Will mir Minerva nicht.

(Studentenlied des vorigen Jahrhunderts, Jenenser Blatt vom Jahr 1770.)

Will mir Minerva nicht,
So mag Bellona rathen,
Ich liebe Wissenschaft
Und ehre die Soldaten;
Vivat Augustus Rex,
Mein Mädchen schließ ich ein,
Die soll bei Bier, Toback
Die schönste Losung sein.

Herr Bruder, trink einmal,
Laß deine Schöne leben,
Sie wird zum Gratial
Dir tausend Küßchen geben[1]);
Und wirst du dann fidel,
So denke dies dabei,
Daß an der fidelité
Dein Kind die Ursach sey.

So lebe denn mein Kind!
Ich trinck auf ihr Vergnügen
Und will im Truncke selbst
Dem Bacchus ⎫
Zwölf Schnurren ⎬ überwiegen.
Ich setze demnach an,
Ihr Freunde, rufet aus:
Es leb' mein Schätzchen hoch,
Es leb' ihr ganzes Haus!

XX. Ermuntert Euch, ihr Brüder!
(Deutsches Studentenlied, in den Jahren 1770—90 üblich.)

Ermuntert Euch, ihr Brüder,
Stimmt an, singt Freudenlieder,
Und laßt uns lustig seyn!
Stimmt an die groben Kehlen,
An Bier soll's heut nicht fehlen,
Schenkt immer tapfer ein,
Schenkt immer tapfer ein!

---

[1]) Eine zweite, uns bekannte Lesart dieser Zeile ist höchst obscön.

Apollo macht nur dreiste,
Befiehlet unserm Geiste,
Wir sollen lustig seyn.
Er spricht, wir sollen saufen,
Eein Faß soll heute laufen,
Schenkt nur Ziegenhainer ein,
Schenkt nur Ziegenhainer ein!¹)

Wer kann denn ewig sitzen
Und bei den Büchern schwitzen,
Dies ist Pedanterey;
Nach fleißigem Bemühen
Laßt uns die Sorgen fliehen,
Macht euch von Grillen frey,
Macht euch von Grillen frey.

Was sollen wir uns quälen
Und unsers Zwecks verfehlen,
Der uns vollkommen macht!
Nach fleißigem Studiren
Soll uns der Wein curiren,
Bei dem man schwitzt und lacht,
Bei dem man schwitzt und lacht.

---

¹) Andre Lesart:
    Apollo, dem's gebühret,
    Der selbst hier präsidiret,
    Befiehlt uns froh zu sein!
    Und Bacchus heißt uns trinken,
    Bis wir zu Boden sinken,
    Schenkt immer tapfer ein!
    Schenkt immer tapfer ein!

Die Freundschaft soll uns führen,
Soll unsern Lauf regieren
Und unser Herz erfreu'n;
Bei hübscher Mädchen Küssen
Soll dieser Nectar fließen.
Und trinkenswerther seyn,
Und trinkenswerther seyn.

Der Alte lehrt die Neuen
Sich jugendlich erfreuen,
Lehrt ihn die Burschenpflicht;
Kommt, zahlet unf're Schulden
Mit euren Muttergulden,
Ihr Füchse, säumet nicht!
Ihr Füchse, säumet nicht!

Herr Bruder, dir zu Ehren
Will ich das Glas ausleeren,
Das mich ad locum zog.
Ich trink's auf dein Vergnügen
Mit wiederholten Zügen;
Es leb Herr Bruder N. N. hoch,
Es leb Herr Bruder N. N. hoch!

(Solo:)
Aufs Wohlsein deiner Schönen
Soll auch ein Lied ertönen,
Das durch die Lüfte flog.
Zu ihrem Angedencken
Will ich dies zweyte versencken,

Es leb dein Mädchen hoch,
Es leb dein Mädchen hoch! [1]

Auch euch, ihr meine Freunde,
Der kleinen Saufgemeinde,
Will ich dies dritte weihn.
Kommt bald ad locum wieder,
So will ich euch, ihr Brüder,
Ein donnernd Vivat schreyn,
Ein donnernd Vivat schreyn. [2]

Auch einem und dem andern
Von unsern flotten Brandern
Sei dieses mein viertes geweiht!
Nennt man sie gleich noch Neue,
So kann doch ihre Treue
Uns Alten dienlich sein,
Uns Alten dienlich sein.

Auch die nach Vaters [3] Schlüssen
Bald Jena meiden müssen,
Die schließt mein Lied mit ein.

---

[1] Andre Lesart:
Daß ihre Lieb' und Treue
Auf ewig mich erfreue;
Drauf stürz' ich mein zweites hinab!

[2] alias:
Kommt bald ad locum wieder,
Ad locum, lieben Brüder,
Dann donnert Euch ein Hoch!

[3] alias: „Rectors."

Seh ich euch gleich nicht wieder,
So wünsch ich euch, ihr Brüder,
Daß ihr mögt glücklich sein,
Daß ihr mögt glücklich sein.

Auch die nach Vaters¹) Schlüssen
Nach Jena kommen müssen,
Will ich dies letzte weihn.
²) Sind sie auch gleich noch Füchse,
So soll doch ihre Büchse
Uns Alten dienlich sein,
Uns Alten dienlich sein!

XXI. Lustig sind wir, liebe Brüder.

(Deutsches Studentenlied, in den Jahren 1770—90 üblich.)

Lustig sind wir, lieben Brüder,
Heute schmausen wir,
Laben unsre matten Glieder
Mit Toback und Bier.
Weil wir hier beysammen seyn,
Ey! so laßt uns lustig seyn,
Der edle Gerstensaft
Giebt uns Kraft.

---

¹) alias: „Mamma's."
²) Andre Lesart:
  „Nennt man sie gleich noch Crasse,
  So kann doch ihre Casse ꝛc."

Mancher will nur stets studieren,
Niemals müssig gehn,
Den Catonem imitiren,
Immer sauer sehn.
Aber der gefällt mir nicht,
Der sich keine Stund' abbricht,
Verdirbt sein Gemüth
Und Geblüt.

Mancher liebt das Frauenzimmer
Und die Courtesie,
Aber der hat's zehnmal schlimmer,
Was hat der für Müh!
Tag und Nacht gedenckt er dran,
Fruh und spat weckt ihn der Hahn,
Und hat noch dazu
Keine Ruh.

Mancher steht auf allen Gassen,
Wo Verliebte stehn,
Wo verliebte Hasen passen,
Die verhurt aussehn.
Freyen ist kein Pferdelauf,
Drum so sperrt die Augen auf,
Daß man euch nicht betrügt
Und belügt.

Weiter will ich nichts mehr melden,
Sapienti sat,
Sonsten möchte man mich schelten
Wegen dieser That.

Weil wir hier beysammen seyn,
Ey! so laßt uns lustig seyn,
Der edle Gerstensaft
Giebt uns Kraft.

(Solo:)
Drum, Herr Bruder, du sollst leben,
A bon amitié!
Laß dir noch ein frisch Glas geben,
Sauf, daß Jeder seh!
(Tutti:)
Weil wir hier beysammen seyn,
Ey! so laßt uns lustig seyn,
Der edle Gerstensaft
Giebt uns Kraft.

XXII. Laßt die bangen Grillen fahren.

(Blatt aus Jena vom Jahre 1772.)

Laßt die bangen Grillen fahren,
Brauchet eure Burschen-Zeit,
Es vergehet mit den Jahren
Eurer Jugend Munterkeit.
Laßt uns lustig seyn,
Schenkt ein frisch Glas ein,
Laßt die bangen Grillen fahren,
Brauchet eure Burschen-Zeit.

Füllt die ausgeleerten Pfeifen
Mit des Tobacks edlem Kraut!

Sauertöpfe mögen keifen,
Denen es verdrüßlich scheint.
Es ist unsre Lust
Ihnen unbewußt.
Füllt die ausgeleerten Pfeifen
Mit des Tobacks edlem Kraut.

Keine angestrichne Schöne
Bringt uns andre Meinung bey,
Nur der Venus süße Söhne
Lieben solche Tändeley; —
Gegen dieses Glas
Sind Rubinen blaß;
Keine angestrichne Schöne
Bringt uns andre Meinung bey.

(Solo:)
Bruder, auf dein Wohlergehen
Sey dir dieses Glas gebracht!
(Duetto:)
Unsre Freundschaft soll bestehen,
Bis der Tod ein Ende macht;
Alle, die hier seyn,
Sollen Zeugen seyn,
Alle, die hier seyn,
Schließt mein Lied mit ein.
(Solo:)
Bruder, auf dein Wohlergehen
Sey dir dieses Glas gebracht!
(Tutti:)
Eure Freundschaft soll bestehen,
Bis der Tod ein Ende macht.

Thränen mag ich nicht vergießen,
Dieses ist nur Tänd:ley,
Selbst mein Blut soll für dich fließen
Zur Bezeugung meiner Treu;
Sterb ich nur für dich,
Wie beglückt bin ich!
Thränen mag ich nicht vergießen,
Dieses ist nur Tändeley.

XXIII. Sic vivamus, wir Studenten.
(Deutsches Studentenlied, besonders in den Jahren 1770—90 üblich.)

Sic vivamus, wir Studenten,
Leben alle Tage wohl,
Saufen absque Complimenten,
Sch—n Strumpf und Hosen voll;
Sic vivamus ich und du,
Burschenfleisch hat keine Ruh,
Und wer uns was zuwider spricht,
Dem sch—n wir ins Angesicht
Und lachen noch dazu.[1]

---

[1] Andre Lesart (von 1815 und 1818):
Sic vivamus wir Studenten,
Leben alle Tage wohl,
Leben absque Complimenten,
Trinken uns stets voll und voll.
Sic vivamus du und ich,
Unser Fleisch ist liederlich,
Und wer uns was dawider spricht,
Dem schlagen wir in's Angesicht,
Und sprechen noch dazu:
Trink zu! Trink zu! Trink zu!

Sing', bet' und geh' auf Gottes Wegen,
Verricht' das Deine stets getreu;
Hoff' auf des Himmels reichen Segen
So wird er in dir werden neu;
    Sic vivamus etc.

Wer nur den lieben Gott läßt walten
Und hofft auf ihn in jeder Zeit,
Den thut er wunderfam erhalten
In Schmerz und Noth und Traurigkeit.
    Sic vivamus etc.

Wer nur den lieben Gott läßt walten
Und hofft auf ihn bei Bier und Kuß,
Den thut er wunderfam erhalten
In allen Schwulitatibus
    Sic vivamus etc.

Befiehl dem Herrn Deine Wege
Und hoff' auf ihn, du frommer Christ,
Und falle ja nicht von dem Stege,
Wenn du einmal befoffen bift.
    Sic vivamus etc.

Mühlen können nichts erwerben,
Wenn sie nicht das Wasser treibt,
Also muß der Bursch verderben,
Wenn der Wechsel außen bleibt.
    Sic vivamus etc.

Gelber muß der Vater schicken,
Wenn der Sohn studieren soll,
Den Beutel mit Ducaten spicken,
So geräth das Söhnchen wohl.
    Sic vivamus etc.

Ist der Wechsel dann verzehret,
Reist der Bursch ad patriam,
Und der Beutel ausgeleeret,
Heißt er ein gelehrter Mann.
  Sic vivamus etc.

Ist nun vorbei das Burschenleben,
So fängt die goldne Praxis an,
Die muß dann reichlich wieder geben
Was ich einst als Bursch verthan.
  Sic vivamus etc.

Und sollt' ich einstens wirklich sterben,
Hüllt mich in meinen Schlafrock ein,
Dann kann ich wahrlich nicht verderben,
Mein Hund setzt mir den Leichenstein.
  Sic vivamus etc.

XXIV. Brüder, wie wird es die Muse gewohnet?
(Deutsches Studentenlied, nach einem Hallenser Blatte vom Jahre 1773.)

Brüder, wie wird es die Muse gewohnet,
Wenn ihren Fleiß keine Freyheit belohnet?
Ihr, die die Strenge im Käfigt erhält,
Sagt, ob Euch Halle nicht besser gefällt?
  Halle, du schöner,
  Halle, du schöner,
  Du reizender Ort!

Wären die Kasten gleich schwanger von Gold,
Lachte das Glück immer heiter und hold,

Hülfe das Gold auch und lachendes Glück,
Gäbe erst Halle die Freyheit zurück!
    Halle, du schöner,
    Halle, du schöner,
    Du reizender Ort!

Söhne der Musen, die Freiheit entzückt,
Wenn man den Himmel gleich neblicht erblickt;
Lockte die Freiheit der Musen nicht sehr,
Halle, wie wäre dein Keller so leer!
    Halle, du schöner,
    Halle, du schöner,
    Du reizender Ort!

Wird einst Apollo unsre Enkel erziehn,
Müsse in Halle die Freiheit noch blüh'n,
Die uns als Greise noch mächtig entzückt,
Wenn man nicht Halle mit Schlägern erblickt.
    Halle, du schöner,
    Halle, du schöner,
    Du reizender Ort!

Wachse, du Freyheit, die Halle uns schenkt,
Welche die Wohlfahrt der Musen bedenkt!
Wachse, du Halle, du schönes Athen,
Bis man in Halle keine Freyheit wird sehn!
    Halle, du schöner,
    Halle, du schöner,
    Du reizender Ort!

XXV. Wir Studenten sind vergnügt.

(Deutsches Studentenlied, besonders in der Zeit von 1770—90 üblich.)

Wir Studenten sind vergnügt,
Leben stets in Freuden,
Ob sichs gleich bisweilen fügt,
Daß wir müssen leiden.
Ist der Wechsel aufgezehrt,
Und der Beutel ausgeleert,
Muß uns doch der Wirth wohl wieder borgen,
Muß uns doch der Wirth wohl wieder borgen.

Sind die Kleider nicht bordirt
Mit den schönsten Tressen,
Gnug, daß man uns venerirt
Und macht uns Caressen;
Sind uns nur die Mädchen huld,
Ey, was fragn wir nach der Schuld,
Die wir hier und dort bezahlen müssen,
Die wir hier und dort bezahlen müssen.

Kommen wir in Compagnie,
Da geht's an ein Schwärmen,
Der eine fället auf die Knie,
Der andre machet Lärmen;
Bier, Toback und Branntewein
Müssen da gesoffen seyn,
Bis wir endlich all darnieder liegen!
Bis wir endlich all darnieder liegen!

Machen wir es gar zu bunt,
Lärmen und Turnieren,

Thut man es dem Rector kund,
Der läßt uns citiren,
Der Pedell nicht außen bleibt,
Sondern vor die Thüre schreibt:
Dominus citatur ad Rectorem,
Dominus citatur ad Rectorem.

Kommt man vors Concilium,
Da wird man gefraget:
Ob man denn nichts wisse drum,
Daß man sey verklaget.
Und wer sich übertölpeln läßt,
Kommt ins Carcer und Arrest,
Und muß auf der harten Pritsche liegen,
Und muß auf der harten Pritsche liegen.

(Choral:)
In welcher Nacht ich lag so hart,
Mit Finsterniß umfangen,
Von „Feilstildern und Fieblern"[1]) geplaget ward,
Ach wärn die Schelme gehangen.

Wer alsdann kein Geld mehr hat,
Der wird relegiret,
Und ans schwarze Bret gebracht;
Aber wer caviret,
Geht ein wenig aus der Stadt,
Bis man es vergessen hat;
Alsdann wird er wieder recipiret,
Alsdann wird er wieder recipiret.

---

[1]) Der Pedell und Carcerwärter zu Jena.

Und so geht es alle Tag
In dem Burschen-Leben,
Bis wir endlich nach und nach
Abschied müssen geben;
Unterdessen schmausen wir
Bei Toback und gutem Bier,
Niemand und kein Teufel soll uns wehren,
Niemand und kein Teufel soll uns wehren!

XXVI. Vergnügte Zeit, wo bist du hin?

(Deutsches Studentenlied nach einem Jenenser Blatte vom Jahre 1775.)

Vergnügte Zeit, wo bist du hin
Aus meinem sonst so frohen Sinn?
 Mir ist von Lust
 Nichts mehr bewußt,
Nur Kummer quält mein Herz!

Statt Nektar trink' ich Wermuthtrank,
Das bringt mich auf die Folterbank,
 Chagrin, malheur
 et grand douleur,
Ich lebe kümmerlich.

Da soll der Strumpf gestricket seyn,
Zum Hosen hängt heraus das Bein,
 Die Schuh entzwey,
 Kein Geld dabey,
Und doch geht täglich drauf.

Und was das allerschlimmste ist,
So sagt man, ich sey voller List,
  Ich lebte blank
  Bey Bier und Trank,
Das dennoch nicht so ist.

Mein Kreuz geht mit dem Morgen an,
Sobald die Augen aufgethan,
  Plagt herber Schmerz
  Mein mattes Herz,
Mit Sorgen steh ich auf.

Da sollte Knaster und Coffée,
Zum wenigsten Snicent und Thee
  Der matten Brust
  Zu ihrer Lust
Gleich Anfangs seyn bereit.

Allein der Pursche hat kein Geld,
Weil nie der Wechsel richtig fällt,
  Und also muß
  Er mit Verdruß
An sein Studiren gehn.

Und kommt's denn einst von ohngefähr,
Daß es dem Purschen geht contrair,
  Daß er nun will
  In aller Still
Zu seinem Mädchen gehn,

Da stellt sich bald ein Pinsel ein,
Verlanget auch bey ihr zu seyn,
  Macht mir Malheur,
  Touchirt mich sehr
Und hat kein Herz und Geld.

Mit diesem schwingt er sich empor,
Ich aber schlag ihn hinter's Ohr,
  Canaille raus,
  Vor dieses Haus,
Hier soll dein Kirchhof seyn.

Dann geht das Duelliren an,
Ein jeder ficht vor seinen Mann,
  Der Pinsel fällt
  Mit seinem Geld,
Und mich lobt jedermann.

Und ob mich gleich ein jeder lobt,
Pedell und Rector dennoch tobt;
  Dann heißt's: Pack ein!
  Beim Mondenschein
Schier dich zum Thor hinaus!

Ihr Dörfer, denkt nicht mehr daran,
Was ich in eurem Schooß gethan,
  Wenn Bacchus voll
  Und Venus toll
Und beyde frevelhaft.

Philister, schreibt mich in das Buch,
Darinnen ihr mit Schaden klug,
  Wo eure List
  Von Nullen ist,
Die euch mein Schwänzen macht.

Schreibt immer mit erboster Hand
Den Namen an die schwarze Wand,
  Ich lache doch
  Und frage noch,
Wer euch die Müh bezahlt.

Ich warte auf die goldne Zeit,
Bis daß der Himmel Thaler schneit,
    Da soll und muß
    Der Ueberfluß
Zu euren Diensten stehn.

Wo nicht, so wartet ewiglich,
Dort an dem Styx, da mahnet mich,
    Was da noch mein,
    Soll eure seyn,
Und sollt ich nackend gehn.

Und du, verfluchte Otternzucht,
Euch Huren treffe auch der Fluch,
    So Blitz als Strahl,
    So oft einmal
Der Himmel Feuer speit.

—   —   —   —
—   —   —   —
  —   —
  —   —
—   —   —   —   —[1]

Du aber, liebe **Dorilis**,
Du machst mir viel Bekümmerniß,
    Du bleibest mein,
    Und ich bin dein
Und das in Ewigkeit.

---

[1] Der allzu derben Obscönität wegen nicht mittheilbar.

Und kommst Du einst in fremdes Land,
Zu dienen einem andern Stand,
So segne mich
Und fluche nicht
Dem, der dich hat geliebt.

XXVII. Gaudeamus igitur.

(Jenenser Blatt vom Jahr 1776.)

Gaudeamus igitur,
Invenes dum sumus,
Post exactam juventutem,
Post molestam senectutem
Nos habebit humus.
    Sammlet in den jungen Jahren
    Eurer Wollust Güter ein,
    Denn da sie verflossen waren,
    Mußten wir des Todes seyn.

Ubi sunt qui ante nos
In mundo fuere?
Abeas ad inferos,
Transeas ad superos,
Hos si vis videre.
    Sagt mir doch, wo trifft man an,
    Die vor uns gewesen?
    Steigt hinauf zum Sternenplan,
    Geht zu des Charontis Kahn,
    Wo sie längst gewesen.

Vita nostra brevis est,
Brevi finietur;
Venit mors velociter,
Rapit mors atrociter,
Neminem veretur.
  Unser Leben währet kurz,
  Es vergeht geschwinde,
  Es vergeht — — — —,
  Wie der Rauch vom Winde.

Vivat Academia,
Vivant Professores,
Vivat membrum quodlibet,
Vivant membra quaelibet,
Vivant nutritores!
  Blühe, edler Musen-Thron,
  Lebet hoch, ihr Lehrer,
  Es blüh ein jeder Musensohn,
  Lebt auch ihr, Ernährer!

Vivant omnes virgines,
Faciles accessu,
Vivant et mulieres,
Vivant et mulieres,
Faciles aggressu!
  Es blüh' ein jedes — — —,
  Das leicht zu besteigen,
  Es leben auch die Weiber hoch,
  Die sich — — —.

Pereat trifolium,
Pereant philisti,

Lictor atque famuli,
Lictor atque famuli,
Nobis odiosi!

Stirb, verfluchtes Kleeblatt, stirb,
Fahr zur Höllen nieder,
Häscher und Pöbell, verdirb,
Ihr seyd uns zuwider!

XXVIII. A, a, a, vivat Saxonia.
(Landsmannschafts=Lied, Jenenser Blatt vom Jahre 1776.)

A, a, a, vivat Saxonia,
Vivat et Augustus
Semper serenissimus,
A, a, a, vivat Saxonia!

E, e, e, regnante principe
Nos pugnamus strenue
Pro salute patriae,
E, e, e, regnante principe.

I, i, i, nos sumus candidi,
Vivant nostri socii,
Pereant contrarii,
I, i, i, nos sumus candidi.

O, o, o, ex pleno poculo
Nos bibamus invicem
Et potemus obicem,
O, o, o, ex pleno poculo.

U, u, u, favente spiritu
Vivat noster Rector
Semper et Protector,
U, u, u, favente spiritu.

XXIX. Auf, ihr muntern Musen.
(Studentischer Rundgesang. Jenenser Blatt vom Jahr 1776.)

Auf, ihr muntern Musen,
Auf und herbey!
Stimmt an ein frohes Jubelgeschrei!
Auf, ihr muntern Musen,
Auf und habt Acht,
Es wird ein flottes Mädchen aufgebracht.
Auf und singet,
Sauft und schlinget,
Es lebe dein (Amalchen ꝛc.) hoch!
(Amalchen ꝛc.) hoch!
Lobert, ihr Flammen,
Schlagt kreuzweis zusammen,
Es lebe dein (Amalchen ꝛc.) hoch!

XXX. Man strebet vergebens, die Wahrheit zu finden.
(Deutsches Studentenlied nach einem Jenenser Blatte vom Jahr 1776.)

Man strebet vergebens die Wahrheit zu finden,
Wofern uns nicht Bacchus die Sinnen erhitzt;
So konnten die Alten die Weisheit ergründen,
Wenn ihnen die Stirne vom Weine geschwitzt.
Ja freylich, vom Trinken erwacht der Verstand,
Dies hat schon Hippocrates weislich erkannt,
Der selber verordnet, so wie mich bedünket:
Wohl dem, der sich jährlich nur einmal betrinket!

Der göttliche Socrates, den wir so loben,
Ging oftmals ins Wirthshaus und schenkte voll ein;
Wenn seine Xantippe begunnte zu toben,
Vergrub er die Grillen in griechischem Wein.

Wer schämt sich nun dessen, was dieser erkannt,
Und was auch Hippocrates dienlich befand,
Der selber verordnet, so wie mich bedünket:
Wohl dem, der sich jährlich ein Paarmal betrinket!

Der prächtige Plato wird göttlich genannt;
Das macht, er bewies sich im Schmause nicht dumm,
Denn die Philosophen, die er nur gekannt,
Die hat er zu Gaste und trunk frisch herum;
Da wies er im Wählen der Weine Verstand,
Ihm war des Hippocrates Siegel bekannt,
Der ernstlich befohlen, so wie mich bedünket:
Wohl dem, der sich monatlich einmal betrinket!

Auch selbst Aristoteles mochte nicht dürsten,
Das zeigt uns sein Schüler in Asien an;
Was hat Alexander, das Schrecken der Fürsten,
Mit Gläsern und Waffen für Thaten gethan?
Oft hat er beim Trunke die Wahrheit erkannt,
Die vor ihm Hippocrates dienlich befand,
Der selber verordnet, so wie mich bedünket:
Wohl dem, der sich monatlich zweymal betrinket!

Diogenes, spricht man, hat Wasser gesoffen,
Doch bilde sich Niemand die Unvernunft ein;
Ich glaube nicht, und will es auch nimmermehr hoffen,
Er kroch in die Tonne, denn die roch nach Wein;
D'rauf hat er die hölzerne Schaale verbrannt,
Und trank, wie Hippocrates nützlich befand,
Der selber verordnet, so wie mich bedünket:
Wohl dem, der sich wöchentlich einmal betrinket!

Democritus war schon beim Charon im Nachen,
Doch als er den Wein nur zu riechen bekam,
Entging er des Todes gefährlichem Rachen
Und lebte drey Tage den Parzen zur Schaam;
Da sieht man's, der Tod wird durch's Trinken verbannt,
Wie solches Hippocrates weislich erkannt,
Der selber verordnet, so wie mich bedünket:
Wohl dem, der sich wöchentlich zweymal betrinket!

Man liest: Heraclitus hab' immer geweinet,
Das klingt nun in Wahrheit für Männer nicht fein,
Doch wie mir aus Allem ganz deutlich erscheinet,
So quollen die Thränen vom häufigen Wein,
Denn dadurch hat er sich die Schwermuth curiret,
Wie selber Hippocrates weislich verspüret,
Der ernstlich befiehlet, so wie mich bedünket:
Wohl dem, der sich täglich nur einmal betrinket!

XXXI. Wer so aus Jena wandern muß.
(Studentenlied nach einem Jenenser Blatte vom Jahr 1780.)

Wer so aus Jena wandern muß, O weh!
Der hat wahrhaftig viel Verdruß, O weh!
Oft muß er vors concilium
Und öfters ad Magnificum.
    O weh! o weh! o weh!

Da macht der Wirth sein Compliment, O weh!
Und spricht: Credit hat nun ein End, O weh!
Und wollt Ihr nicht bezahlen sein,
So schlage Blitz und Wetter drein.
    O weh! o weh! o weh!

Da kommt das Tröbelweib herein, O weh!
Und spricht: Löst euren Schlafrock ein, O weh!
Sonst schick ich ihn in alle Welt
Und schlag ihn los um's halbe Geld.
  O weh! o weh! o weh!

Da kommt ein stolzer Ziegenbock, Meck! Meck!
Und spricht: bezahlt den neuen Rock, Meck! Meck!
Und wollt Ihr nicht bezahlen sein,
So schlage Zwirn und Nadel brein.
  Meck meck! Meck meck! Meck meck!

Da kommt der Schuster auch darzu, O weh!
Und spricht: bezahlt die neuen Schuh, O weh!
Sonst geh' ich ad Magnificum
Und fordre Euch vor's Concilium.
  O weh! o weh! o weh!

O weh! mir armen Choridon, O weh!
Man bringt mir einen jungen Sohn! O weh!
Darzu soll ich der Vater seyn,
So schlag das Donner und Wetter brein!
  O weh! o weh! o weh!

— — — — —
— — — — —
— — — — —
— — — — —
  — — — —[1]

---

[1] Wegen ihrer zu groben Lascivität eignen sich diese Strophen nicht zum Druck.

Und soll es denn nicht anders seyn, O weh!
So geb ich meinen Willen drein, O weh!
So heiße denn der junge Sohn
Nach seinem Vater Choridon.
    O weh! o weh! o weh!

XXXII. Frisch auf, der Wechsel wird bald kommen.
(Deutsches Studentenlied, nach einem Jenenser Blatte vom Jahr 1780.)

Frisch auf, der Wechsel wird bald kommen,
    Vivallallerallera,
Da werd' ich aller Noth entnommen,
    Vivallallerallera,
Da kann ich wieder fröhlich seyn, wieder fröhlich seyn,
Auf Regen folgt Sonnenschein.
    Vivallallerallera, Vivallallerallera, Vivallallerallera.

Ich soll zwar vor das Geld studiren,
    Vivallallerallera,
Allein ich will aufs Dorf marchiren,
    Vivallallerallera,
Da kann ich auch bei Bier und Wein, bei Bier und Wein,
Ein Doctor und Professor seyn.
    Vivallallerallera, Vivallallerallera, Vivallallerallera.

Weg Corpus juris, weg Pandekten,
    Vivallallerallera,
Weg mit den theolog'schen Sekten,
    Vivallallerallera,
Weg mit der Medicinerey, Medicinerey,
Von solchen Grillen bin ich frey.
    Vivallallerallera, Vivallallerallera, Vivallallerallera,

Die Professores mögen lesen,
   Vivallallerallera,
Ey schade für ihr eitles Wesen,
   Vivallallerallera,
Sie mögen sich den Hals abschreyn, den Hals abschreyn,
Ich komme ihnen doch nicht nein,
   Vivallallerallera, Vivallallerallera, Vivallallerallera.

Ich will das jus potandi hören,
   Vivallallerallera,
Des Bacchus und der Venus Lehren,
   Vivallallerallera,
Da kann ich auch bei Lieb und Wein
Ein Doctor und Professor seyn.
   Vivallallerallera, Vivallallerallera, Vivallallerallera.

XXXIII. Auf und laßt die Gläser bringen.

(Deutsches Studentenlied, nach einem Jenenser Blatte vom Jahr 1780.)

  (Solo:)
  Auf und laßt die Gläser bringen,
  Vivat Jeder, der mitmacht!
  Laßt uns froh den Wein besingen,
  Der das Herze fröhlich macht;
  Stoßt frisch an! Die Gläser her!
  Vivat unser Landesherr!
  (Tutti:)
  Vivat unser Landesherr,
  Vivat, vivat, vivat unser Landesherr!

(Solo:)
Ach, es ist ein trefflich Leben,
Wenn man täglich schmausen kann,
So kann man in Freuden schweben,
Uns ficht keine Schwachheit an;
Trinkt und wünschet unf'rer Stadt:
Vivat unser Rectorat!
(Tutti:)
Vivat, unser Rectorat,
Vivat, vivat, vivat unser Rectorat!

(Solo:)
Wollen sich die Sorgen schwingen,
In des Herzens Ruhestatt,
Laßt uns trinken, laßt uns singen,
Dieses ist der beste Rath;
Trinkt mit diesem Wunsch herum:
Vivat ministerium!
(Tutti:)
Vivat ministerium,
Vivat, vivat, vivat ministerium!

(Solo:)
Blut und Abern kriegen Kräfte,
Die vorhin verloren sich,
Wenn des Weines reiche Säfte
Sich ergießen mildiglich;
Freunde, trinkt! Der Wein ist da,
Vivant die Collegia!
(Tutti:)
Vivant die Collegia,
Vivant, vivant, vivant die Collegia!

(Solo:)
Morgen leben wir in Freuden,
Uebermorgen auch dazu,
Da wir unsre Herzen weiden
In erwünschter Lust und Ruh;
Trinkt und wünscht aus Herzenskraft:
Vivat jede Landsmannschaft!
(Tutti:)
Vivat jede Landsmannschaft,
Vivat, vivat, vivat jede Landsmannschaft!

(Solo:)
Möchte es noch länger währen,
Möcht' es täglich noch so geh'n,
Wollt ich weiter nichts begehren
Und mit Wünschen stille stehn;
Doch, wenn ich noch wünschen soll,
O! so geh' es Allen wohl!
(Tutti:)
O! so geh es Allen wohl!
O! so geh, o! so geh es allen wohl!

(Solo:)
Nun auf N. N. Wohlergeben
Setz ich dieses Gläschen an;
Kein Glas darf hier stille stehen,
Trinke nur, wer trinken kann;
Trinkt mit diesem Wunsch herum:
Floreat commercium!
(Tutti:)
Floreat commercium!
Floreat, floreat, floreat commercium!

(Solo:)
Wein und Liebe weckt die Töne,
Diese werden nie getrennt;
Trinkt! Es lebe meine Schöne,
Kind, vor das mein Herze brennt!
Sanft ist wahrer Liebe Joch;
Vivant alle Schönen hoch!
(Tutti:)
Vivant alle Schönen hoch!
Vivant, vivant, vivant alle Schönen hoch!

(Solo:)
Freunde, flieht die schwarzen Grillen
Und was sonst das Herz beschwert;
Laßt das Glas noch einmal füllen,
Wünscht Euch selbst, was Ihr begehrt;
Ich wünsch herzlich, freudenvoll:
Ewig gehe es uns wohl!
(Tutti:)
Ewig gehe es uns wohl,
Ewig, ewig, ewig gehe es uns wohl!

XXXIV. Traute Brüder, laßt uns hier.
(Deutsches Studentenlied, nach einem Jenenser Blatte vom Jahr 1780.)

Traute Brüder, laßt uns hier
Froh zusammen trinken,
Seht, hier ist Taback und Bier,
Seht, die Gläser winken;
Brüder, trinket euch vergnügt,
Trinkt, bis euch das Bier besiegt!

Auf des besten Kaisers Wohl,
Den die Welt verehret,
Sey dies ganze Gläschen voll
Muthig ausgeleeret.
Kaiser Joseph lebe hoch,
Lebe viele Jahre noch! [1])

Die ihr euch, um froh zu sein,
Hier versammelt habet,
Euch will ich mein Gläschen weih'n,
Das mich Zecher labet;
Lieben Freunde, lebet hoch,
Lebet viele Jahre noch.

Auch mein Mädchen, lebe du,
Blüh' zu meinem Glücke!
Lächle selbst mir zärtlich zu
Mit verbuhltem Blicke!
Auch mein Mädchen lebe hoch,
Lebe viele Jahre noch! [2])

---

[1]) Andere Lesart von 1798:
    Auf des besten Fürsten Wohl,
    Den sein Land verehret,
    Sei ein ganzes Gläschen voll
    Muthig ausgeleeret.
    Herzog August lebe hoch,
    Lebe viele Jahre noch!

[2]) Andere Lesart von 1798:
    ... Läch'le mir stets Beifall zu
    Mit der Liebe Blicke,
    Holdes Mädchen, lebe hoch,
    Lebe viele Jahre noch!

Auch auf's Wohl der Compagnie
Soll ein Hoch! ertönen;
Lange lebe, blühe sie,
Stets geliebt von Schönen.
Es leb' unsre Compagnie,
Lange lebe, blühe sie!

XXXV. Armes Herz, gieb dich zufrieden.
(Deutsches Studentenlied nach einem Jenenser Blatte vom Jahr 1780.)

Armes Herz, gieb dich zufrieden,
Willst du selbst dein Henker seyn?
Kann das Schicksal dich betrüben?
Deine Pflicht ist, dich zu freun.
Laß die Sorge finstern Greisen,
Die der jungen Welt verdrießt;
Der vermehrt die Zahl der Weisen,
Der als Jüngling scherzt und küßt.

Morgen können Stunden kommen,
Wo der Gram die Lust vergällt;
Frisch! das Glas zur Hand genommen,
Auf das Wohl der besten Welt!
Auf das Wohl von unsern Schönen!
Dieses ist ein alter Brauch,
Künftig gönnt man Musensöhnen
Diese kleine Freude auch.

Auf das Wohl von Friedrich's Staaten
Leere ich ein Ganzes aus;
Reich an Helden, groß an Thaten,
Blühe sein durchlauchtig Haus!

Groß im Frieden, groß im Kriege
Lebe sein gefürchtet Heer,
Und der letzte seiner Siege
Sey dem Feinde ewig schwer!

Und du, prächtige Saline¹),
Die so mancher Jüngling preist,
Lebe, wachse, blüh' und grüne,
Bis der Weltenbau zerreißt!
Eines noch für meine Schönen!
Frisch! Es leben alle die,
So den Fleiß der Musen krönen,
Brüder! ewig leben sie!

XXXVI. Es leb' mein König Friederich.

(Deutsches Studentenlied, nach einem Jenenser Blatte vom Jahr 1780.)

Es leb' mein König Friederich!
Er lebe tausend Jahr,
Und jedes Jahr, das bringe ihm
Viel neu Vergnügen dar.

Es lebe auch mein Mädchen hoch!
Sie leb' drei Viertel-Jahr,
Und nach der Zeit da bring' sie mir
Mein Bild im Kleinen dar.

---

¹) Saline, d. h. Jena.

Es leben auch die Herren hoch,
Die hier versammlet seyn!
Ein Jeder trink, ein Jeder schluck'
Sein Glas mit Bier hinein!

XXXVII. Es lebe Kaiser Joseph hoch!

(Deutsches Studentenlied, nach einem Jenenser Blatte vom Jahr 1780.)

Es lebe Kaiser Joseph hoch!
Er blühe viele Jahr,
Er blühe viele Jahr,
Und jedes Jahr, das bringe ihm
Eine Stadt wie Hamburg bar![1]

Es lebe auch mein Mädchen hoch,
Sie blüh' drei Vierteljahr,
Sie blüh' drei Vierteljahr,
Und nach der Zeit so bring' sie mir
Mein Bild im Kleinen bar![2]

---

[1] alias aus dem Jahre 1790 von Jena:
Es lebe Herzog August hoch,
Er leb' noch viele Jahr',
Er leb' noch viele Jahr'!
Und jedes Jahr das bringe ihm
Ein Land wie Weimar bar!

[2] alias von Jena 1790:
Es lebe auch mein Mädchen hoch,
Sie leb' noch viele Jahr',
Sie leb' noch viele Jahr'!
Und jedes Jahr da bring' sie mir
Ihr Herz von neuem bar!

Ihr Freunde! lebt auch Alle hoch
In dieser Jubel-Schaar,
In dieser Jubel-Schaar,
Und jedes Jahr, das bringe Euch
Viel Extra-Wechsel bar!

Und rauche, daß es bifft und bafft,
Und rauche, daß es bifft,
Und rauche, daß es bifft,
Rund halleluja, rund hop sa sa hop,
Rund halleluja, rund hop sa sa hop hop,
Rund halleluja, rund hop sa sa, hop hop, hop!
Und rauche, daß es bifft und bafft,
Und rauche, daß es bifft,
Und rauche, daß es bifft!

XXXVIII. Bursche, lärmet.
(Deutsches Studentenlied, nach einem Jenenser Blatt vom Jahr 1775.)

Bursche, lärmet,
Sauft und schwärmet,
Nur vermeidet Zank und Streit;
Laßt die Blitz-Philister lachen,
Laßt sie saure Mienen machen,
Nur zum Saufen seyd bereit!

Gram und Sorgen,
Spart bis morgen
Eure ganze Plunderey;
Packt euch fort zu dieser Stunde,
Und studirt, ihr Lumpenhunde,
Bursche müssen lustig seyn.

(Solo:)
Landes-Vater!
Schutz und Rather!
Es lebe mein Karl August hoch!
Ausbund auserles'ner Prinzen,
Herr Weimar'scher Provinzen,
Ehr' und Hoheit krönen dich.

Die Friquette,
Die Brunette
Sey bey jedem Burschen-Schmauß,
Pereat, wer sie touchiret
Und sich über sie moquiret,
Pereat sein ganzes Haus! [1]

Theurer Lehrer!
Ich dein Hörer
Rufe dir ein Vivat aus.
Vivat der Herr Professor N. N. hoch!
Wer hierbey die Nase rümpfet,
Sich moquiret oder schimpfet,
Pereat zu Staub und Graus!

Lebet, Freunde!
Sterbt, ihr Feinde,
Oder lernet lustig seyn!
Brüder, laßt auch diese leben,
Die uns was zu trinken geben,
Trinkend schließ' ich sie mit ein.

---

[1] andre Lesart (1790):
Ausbund auserles'ner Tugend,
Reiz für meine zarte Jugend,
Sie soll leben, bis ich sterb'.

Es leben auch die
Herren Brüder!
Ein Hundsvott, der uns schimpfen soll!
Denn so lange wir uns kennen,
Wollen wir uns Brüder nennen,
So leben wir auch Alle hoch!

XXXIX. Das war ein Tag nach deutschem Brauch.
(Nach einem Blatt von der „Karls-Universität" Stuttgart vom Jahr 1787.)

Das war ein Tag nach teutschem Brauch
   Im Gusto unsrer Alten!
Und alle Teutsche sollten auch
   Ob unsrer Sitte halten.

Allein Hof- und Ziererei
   Verhängt in unsern Zeiten
Die Welt, zumal Studenterei
   Und ächter Bursche Freuden.

Zwar unsre nicht, wir leben halt
   Nach eignem Wohlbehagen,
Und achten nicht, was Jung und Alt
   Zu unsern Sitten sagen.

Was? sollten wir nach Thoren uns
   Bequemen und geniren,
Und wie ein hochgelarter Duns
   Die schönste Zeit verlieren?

XL. Bruder, wenn dich die Grillen quälen.

(Fragment eines Studentenliedes, aus dem achtzehnten Jahrhundert, nach einem Stuttgarter Blatte vom Jahr 1787.)

Bruder, wenn dich Grillen quälen
Und dir deine Ruhe stehlen,
   Ey so tanz und trinke Wein;
Und umarm dabei ein süßes
Frisches Mädchen, es soll dieses,
   Wie man sagt, probatum sein.

XLI. Citatur ad Magnificum.

(Fragment eines Studentenliedes aus dem achtzehnten Jahrhundert, nach einem Jenenser Blatt vom Jahr 1792.)

Citatur ad Magnificum,
Das heis ich schlecht Latein!!
Citatur ad Commercium,
Das soll viel besser sein.

XLII. Gegensätze.

(Zerstreute Strophen auf verschiedenen Blättern in Studentenstammbüchern des achtzehnten Jahrhunderts.)

   A. Da lache ich.

Daß brave Bürger Conto geben
Und Pursche ohne Wechsel leben,
   Ist mir nicht lächerlich;
Doch wenn sie aus den bangen Gränzen
Entweichen und Philister schwänzen,
   Da lache ich.

Ich soll Salinens Gränzen fliehen,
Um in mein Vaterland zu ziehen,
   Da lache ich;
Um aber auch bei meinem scheiden
Den Umgang wahrer Freunde meiden,
   Da weine ich.

    B. Das räum' ich ein.

Daß mürrisch unsre strengen Alten
Bei jeder List die Stirne falten,
   Das räum' ich ein;
Doch daß sie in den jüngern Jahren
So heilig, wie sie jetzt sind, waren,
   Das kann nicht seyn.

Daß alte Mütter, fromme Schwestern
Aus Keuschheit unsre Liebe lästern,
   Das räum' ich ein.
Doch sollten unsre jungen Schönen
Der Jugend sanften Reiz verhöhnen?
   Das kann nicht seyn.

    C. Das geht nicht an.

Daß Dorilis im zwölften Jahre
Den Reiz von Damons Kuß erfahre,
   Das leidet man;
Doch da vielleicht schon mehr als küßen
Und, was die Mütter thun, zu wißen,
   Das geht nicht an.

Mit schönen Kindern artig spielen,
Den Vorrath ihrer Brust durchwühlen,
   Das geht wohl an, —

Doch öfters auf die Mühlen¹) laufen,
Vergnügen vor acht Groschen kaufen,
   Das ist zu toll.

D. Das will die Pflicht.

Die Liebe ist der Herr der Erden,
Ein Mädgen sucht geliebt zu werden,
   Diß will die Pflicht;
Doch manche sucht zu zeitig Freyer
Und kaufft die heiße Gunst zu theuer,
   Diß will sie nicht.

Wann uns volle Becher winken,
Mäßig und bescheiden trinken,
   Das will die Pflicht,
Aber ganze Nächte trinken,
Bis wir von den Stühlen sinken,
   Das will sie nicht.

E. Vermischte.

In Saalathen
Ist es gar schön,
   So lang man Batzen führt;
Sind aber auch die Batzen fort,
So ist das Saalathen ein Ort,
   Wo man crepirt.

---

¹) Die Mühlen bei Jena, wo in der Zeit von 1740—1760 (aus welcher die meisten dieser Strophen stammen) die Musensöhne oft der Liebe, und zwar nicht eben der platonischen, pflegten.

Jetzt da die Erde sich verjüngt
Und jeder Vogel Freude fingt,
   Jetzt sollt' ich Brunnenflaschen leeren?
Das plaudert mir kein Doctor ein,
Gebt mir die Flaschen voller Wein,
   Das läßt sich hören!

Wer nicht bei Wein und nicht bei Mädchens ist,
Und wer nicht scherzt und wer nicht küßt,
   Hör', Bruder, der soll sterben;
Wer aber Wein wie Wasser säuft
Und nach der Mädchen Busen greift,
   Hör, Bruder, der soll leben!

Sollt' ich mit finstern Männern zechen,
Die nur von Strafgerichten sprechen?
   Da würd' ich thöricht seyn.
Nein, stets mit muntern Brüdern trinken,
Bezecht in Doris Arme sinken,
   Das geh' ich ein.

Amynt spricht: eher Mädchen wagen
Und ihrem Zwang und Stolz entsagen,
   Vergeht mir Zeit und Muth.
Nein, junge Wittwen sind mir lieber,
Bei denen ist das schon vorüber,
   Das macht er gut!

Die Mädchen sollen bis zum Paaren
Den jungferlichen Kranz bewahren,
   Die Pflicht ist allgemein;
Allein da Viele nimmer wissen,
Zu welcher Zeit sie Jungfern hießen,
   So müssen wenig Jungfern sein.

Wo Mädchen schäckern, küßen, lachen,
Sich mit dem Jüngling lustig machen,
   Da ist es gut.
Doch wo sie zu den Müttern eilen,
Da ruff ich ohne zu verweilen,
   Wo ist mein Hut!

Daß Mütter auf die Söhne schmähen,
Wenn sie zu früh die Enkel sehen,
   Das ist kein Wunder; —
Doch daß nicht die Mama so dachte,
Als man auch dem Papa eins brachte,
   Das ist ein Wunder.

Wenn meine Wechsel langsam gehen,
Die Gläubiger nicht Spaß verstehen,
Und Wirthe mich nicht gerne sehen,
   Wie lang wird mir die Zeit! —
[1]) Doch wenn die volle Börse klinget,
Wenn man bald scherzt, bald küßt und singet
Und Wein mir ungefordert bringet,
   Wie hurtig verschwindet die Zeit!

---

[1]) Andre Lesart, auf einem Altdorfer Blatt vom Jahr 1768:
  Doch wenn die volle Börse klinget,
  Man Wein mir ungefordert bringet,
  Wenn man bald tanzt, bald küßt, bald singet,
  Wie hurtig verschwindet die Zeit!

XLIII. Der süßen Freundschaft wollen wir.

(Fragment eines deutschen Studentenliedes aus dem vorigen Jahrhundert, nach einem Blatt von der Karls-Universität Stuttgart aus dem Jahre 1790.)

(Solo:)
Der süßen Freundschaft wollen wir
Das zweite Gläschen weihen,
Ihr danken wir's allein, daß wir
Uns dieser Erde freuen,
Denn ohne Freundschaft, saget an,
Wer schlägt dies Leben hoch?
Drum Brüder, Brüder, stoßet an,
Die Freundschaft lebe hoch!
(Chor:)
Wir stoßen alle fröhlich an,
Die Freundschaft lebe hoch!

XLIV. Ich liebe die Mädchen, ich liebe den Wein.

(Fragment eines deutschen Studentenliedes aus dem vorigen Jahrhundert, nach einem Erlanger Blatt vom Jahr 1780.)

Ich liebe die Mädchen, ich liebe den Wein,
So singen die Jungen,
So denken die Alten,
So hab ich gesungen,
So will ichs noch halten,
Die Liebe macht menschlich und fröhlich der Wein!

XLV. Was ist der Mensch doch ohne Geld?

(Fragment eines deutschen Studentenliedes aus dem vorigen Jahrhundert, nach einem Altdorfer Blatt vom Jahr 1722.)

Was ist der Mensch doch ohne Geld? Hum, Hum,
Ein unbesätes Waitzenfeldt, Hum, Hum,
Daß weder Saat noch Früchte bringt,
Zumahl wenn es nicht wird gedüngt. Ha ha ha.[1]

XLVI. Im Kluck Kluck leben wir.

(Deutsches Studentenlied aus dem vorigen Jahrhundert, nach Jenenser Blättern vom Jahr 1763, und nach mündlicher Tradition.)

Im Kluck Kluck leben wir,
Im Kluck Kluck schweben wir,
Und wer im Kluck Kluck lebt, der ist mein Bruder.

---

[1] Vielleicht wurde dies Lied in ähnlicher Weise gesungen, wie Hoffmann v. Fallersleben (Findlinge, I. S. 88) aus Mich. Kautzsch's „Frisch und voll eingeschenktem Bier-Glaß ꝛc." (Merseburg 1685) mittheilt:

„Wie sie denn ein sonderlich Runda hatten, da das Glas auf drei Schläge mußte ausgesoffen seyn, und lautete also:

Es saß ein feines Mägdelein hum hum
Auf einem grünen Gräselein, hum hum,
Es pflückte schöne Blümelein
Und macht daraus ein Kränzelein, hum hum.

Bei dem ersten hum hum mußte der da trunk absetzen und das hum, hum selbst sagen, also auch bei dem andern und dritten, da das Glaß ganz geleert seyn mußte. Und hierauf wurde ein Runda gesungen."

Mein Bruder lebt nicht mehr, er ist geblieben,
Wer weiß, wo ihn der Wind hat hingetrieben!
Im Kluck Kluck leben wir,
Im Kluck Kluck schweben wir,
Und wer im Kluck Kluck lebt, der ist mein Bruder.

Treibt mich ein kühler Wind aus meinem Lande,
So treibt er mich doch nicht aus meinem Stande.
Im Kluck Kluck leben wir,
Im Kluck Kluck schweben wir,
Und wer im Kluck Kluck lebt, der ist mein Bruder.

Will mich mein Mädchen nicht, so läßt sie's bleiben,
Wer weiß, wohin der Wind mich noch wird treiben!
Im Kluck Kluck leben wir,
Im Kluck Kluck schweben wir,
Und wer im Kluck Kluck lebt, der ist mein Bruder.

Hab ich kein Kreuzer Geld in meiner Tasche,
Hab ich doch Kluck Kluck Kluck in meiner Flasche,
Ein Gläslein rüber,
Das andre 'nüber,
Ein Gläslein Kluck Kluck Kluck, das ist mir lieber.

Was hilfts mir in der Welt mit allem Plunder?
Mit einem Kluck Kluck Kluck fahr ich hinunter.
Im Kluck Kluck leben wir,
Im Kluck Kluck schweben wir,
Und wer im Kluck Kluck lebt, der ist mein Bruder.

XLVII. Nun merck ich, Bacche, deine Kräfte.
(Deutsches Studenten-Trinklied aus dem vorigen Jahrhundert.)

Nun merck ich, Bacche, deine Kräfte,
Der Schenckel bebt, das Haupt wird schwer,
Und dennoch ehr ich deine Säfte,
Freund, reich mir noch ein frisch Glas her.
Dies, Bruder, dient zur guten Nacht,
Rein ausgeleert,
Rein ausgeleert
Heißt wohl gemacht.

XLVIII. Unser Band trennt nur der Tod.
(Fragment eines Studentenliedes nach einem Jenenser Blatte vom Jahr 1782.)

Unser Band trennt nur der Todt,
Kein Geschick und keine Noth
Soll unsere Herzen trennen:
Dann werden wir uns wiedersehn —
Und feste stehn,
Und feste stehn,
Und unsern Bund erhöhn!

XLIX. Ich lobe mir das Burschen-Leben.
(Wesentliche Abweichung von dem bekannten Studentenliede nach einer Handschrift aus der zweiten Hälfte des vorigen Jahrhunderts.)

Ich lobe mir das Burschen-Leben,
Ein jeder lob sich seinen Stand,
Die Freyheit, der ich mich ergeben,
Macht mir die schönste Lust bekannt.
Studenten sind fidele Brüder,
Kein Unfall schlägt den Pursch darnieder.

Und spührt der Pursche Geld im Beutel,
So müssen die 6 Pahen raus.
Was hilfts? Es ist doch alles eitel
Und wird doch nie kein Geld daraus.
Komt, Brüder! komt, ich will euch zeigen,
Wie fein sichs läßt — — —

Alsdenn ergreift er Stock und Degen
Und geht mit halb zerrißnen Schuhn
Und spricht wohl 10 mal unterwegens:
Heut will ich mir was bene thun.
Vier Wochen sind bereits verfloßen,
Daß ich mein Pulver nicht verschoßen.

Drauf schlägt er an die rechte Wade
Und spricht: heut muß die linke dran,
Hört, Brüder, ists nicht ewig Schade,
Daß ich die rechte schon verthan?
Es ist so kläglich, daß bisweilen
Ich selber brüber möchte heulen.

Ein schönes Kind im Arme haben,
Heißt in dem Himmel selbsten seyn,
Da wird die Traurigkeit begraben,
Da schläft mein Herz auf Rosen ein.
Ein feurig Küßgen hat mehr Kräfte,
Als alle theure Perlensäfte.

L. Es leben allzumal.

(Aus dem Jahre 1790, jenaische Abweichung von dem bekannten Rundgesange.)

Es leben allzumal,
Es leben allzumal
Alle unf're Freunde!
Es leben allzumal ꝛc.

Zu Grunde müssen geh'n
Zu Grunde müssen geh'n
All unf're Feinde!
Zu Grunde müssen geh'n ꝛc.

Auch Bruder, du sollst leben,
Dein Mädchen auch daneben
Und auch der General Laudon!
Auch Bruder, du sollst leben ꝛc.

LI. Brüder, auf zur Bundesfeier.

(Aus der zweiten Hälfte des achtzehnten Jahrhunderts.)

Brüder, auf zur Bundesfeier
Festlich bei Trommetenklang!
Laut ertöne nun und freier
Unsrer Freude Hochgesang!
Feiert heut' mit Brudertreue
Der Saxonia[1]) Bundesweihe,
Die das Herz mit Gluth durchdringt,
Die uns brüderlich umschlingt.

---

[1]) Beispielsweise —, eine jede Landsmannschaft fügte ihren eigenen Namen bei.

Chor: Braver Sachsen¹) hehrem Bunde
Tönt in ernster Weihestunde
Jubelnd bei Trommetenklang
Treuer Brüder Hochgesang.

Hehr und heilig ist das Zeichen,
Ist der Weihe hohes Ziel,
Brüder, wollt ihr es erreichen,
Mag es wohl der Kräfte viel.
Zwar wie wenig Worte kündet
Uns die Regel, die uns bindet,
Aber dennoch will sie rein,
Männlich treu gehalten sein.

Chor: Unser'm Bund, den wir erkoren,
Dem wir Treue zugeschworen,
Dem wir Kraft und Leben weih'n,
Keiner wird ihm untreu sein.

Wenn im Sturm die Flammen glühen,
Wenn des Schicksals Arm uns droht,
Wenn sich Wetter um uns ziehen,
Brüder, kümmert Euch der Tod?
Darum laßt uns männlich stehen,
Männlich durch das Leben gehen,
Daß ihr auf zum Ziele steigt
Und den Ehrenkranz erreicht.

Chor: Männersinn muß unserm Leben
Edler Freiheit Würde geben,
Die uns in der Heimath noch
Schützt vor der Gemeinheit Joch.

---

¹) Eine jede Landsmannschaft fügte ihren eigenen Namen bei.

Brüder, wendet eure Blicke
Hin auf die Vergangenheit,
Zu der Väter Hayn zurücke,
Zu der Deutschen goldnen Zeit.
Seht die Mannen treu verbunden,
Wie sie jede Fahr bestunden,
Schirmend vor der Feinde Schmach
Ihrer Freiheit niedres Dach.

  Chor: Wie die Väter laßt uns wandeln,
        Frei und männlich laßt uns handeln,
        Uns're Zierde und Gewinn
        Sei ein ächter deutscher Sinn.

Wenn ihr dieses Ziel erstrebet,
O so blickt getrost empor,
Ueber unserm Bunde schwebet
Segnend dann der Väter Chor.
Freiheit ist die schöne Blume
Aus dem hehren Alterthume,
Die in unserm Kreis gedeiht
Und der Ahnen Herz erfreut.

  Chor: Ihrem Vorbild nachzustreben
        Wollen wir mit Kraft uns heben,
        Um des Glückes uns zu freu'n,
        Edler Väter werth zu sein.

Brüder, dieses Bunds Genossen,
Weiht auch einen frohen Blick
Jenen Brüdern, die ihn schlossen,
Die zur Heimath schon zurück!

Alle, die vom Bunde schieden,
Wandeln mögen sie in Frieden,
Allen tön' ein lautes Hoch
Jetzt und lang' im Bunde noch!
  Chor: Allen, die von uns in Ehren
        Heim zum Vaterlande kehren,
        Allen tön' im Bunde noch
        Brüderlich ein lautes Hoch!

[1]) Treu, o Bruder, brav und bieder,
Reich' nach alter Sitt' ich hier
Unter'm Schalle froher Lieder
Diesen **deutschen Handschlag** Dir!
Mögen aus Walhalla's Auen
Uns're Väter niederschauen,
Mögen unsres Bunds sich freu'n,
Daß wir echter Sitt' uns weih'n!
  Chor: Daß die Väter huldreich schauen
        Aus Walhalla's Friedensauen,
        Laßt uns treu dem Bunde sein,
        Aechter deutscher Sitt' uns weih'n!

LII. Brüder, laßt uns Hand in Hand.

(Deutsches Studentenlied, wahrscheinlich aus dem letzten Decennium des achtzehnten Jahrhunderts: aus Jena.)

(Solo:)
  Brüder, laßt uns Hand in Hand,
    In vereinten Chören,
  Unser theures Vaterland,
    Unser Sachsen, ehren!

---

[1]) Bei dieser Strophe erheben sich Alle von ihren Sitzen.

Ruft, ihr Brüder, fern wie nah:
Es lebe hoch Saxonia!
(Tutti:)
Es lebe hoch, 's lebe hoch,
's lebe hoch Saxonia!

(Solo:)
Schönstes aller Länder, blüh',
Blüh' vor allen Ländern!
Deinen Wohlstand möge nie,
Nie ein Unfall ändern!
Ruft, ihr Brüder, fern wie nah:
Es lebe hoch Saxonia!
(Tutti:) Es lebe hoch ꝛc.

(Solo:)
Redlichkeit und Biedersinn,
Aechte deutsche Sitten,
Guter Muth und Fröhlichkeit
Wohnt in Deinen Hütten!
Ruft, ihr Brüder, fern wie nah:
Es lebe hoch Saxonia!
(Tutti:) Es lebe hoch ꝛc.

(Solo:)
Jeder brave Jüngling blüh'
Dort in deinen Thälern,
Seine Wonne müsse nie,
Nie ein Unfall schmälern,
Ruft, ihr Brüder, fern wie nah:
Es lebe hoch Saxonia!
(Tutti:) Es lebe hoch ꝛc.

(Solo:)
>Zwar bin ich jetzt fern von Dir,
> Meinem Vaterlande,
>Nur mit wenig Freunden hier
> An der Saale Strande;
>Dennoch ruf ich fern wie nah:
> Es lebe hoch Saxonia!

(Tutti:)
>Es lebe hoch, 's lebe hoch,
>'s lebe hoch Saxonia!

LIII. Bundeslied der alten Sachsen.

(Deutsches Studentenlied, vermuthlich aus dem letzten Decennium des achtzehnten Jahrhunderts; aus Jena. Melodie: Vom hoh'n Olymp herab ꝛc.)

>Es tönt herab das hohe Lied der Weihe,
> Es tönt der Sachsen Bundeslied,
>So schweig' und schwör' dem Bunde heil'ge Treue
> Mit mir denn jedes Bundesglied.
>:,: Feierlich schalle der Weihegesang
> Sächsischer Brüder beim Becherklang! :,:

>Ja heilig sei uns unsres Bundes Feier,
> In steter Eintracht Allgewalt,
>Ja heilig, heilig wie das muth'ge Feuer,
> Das mächtig uns're Brust durchwallt.
>:,: Es töne der hehre Weihegesang
> Feierlich heute beim Becherklang! :,:

>Wie herrlich, wenn der Eintracht Band uns bindet,
> Wenn Tapferkeit den Bund begrüßt,

Wenn Arm um Arm und Geist um Geist sich windet,
    Und Seel' in Seele sich ergießt.
:,: Es schalle vereinigter Brüder Gesang,
Vereinigt durch Schläger und Herzenseinklang! :,:

Ihr Guten, die ihr auch im Vaterlande
    Euch jetzt noch unsers Danks euch freut,
Den ihr verdient, verdient um unsre Bande,
    Euch sei von mir dies Glas geweiht!
:,: Feierlich segne der Weihegesang
Saxonia's Stifter beim Becherklang! :,:

Wer nicht, wie wir, für Bruderwohl zu bluten,
    Für unsern Bund zu sterben weiß,
Der flieh', eh' noch das blanke Schwert der Guten
    Ihn treffe, schnell aus unserm Kreis.
:,: Fliehet, Verräther, eh' noch euer Blut
Sächsische Schläger beflecket mit Blut! :,:

Doch Segen strahl' auf jeden Sachsen nieder,
    Der treulich seine Pflichten übt,
Der schweigt und freudig kämpft für seine Brüder,
    Und alle so wie seine Brüder liebt!
:,: Feierlich segne der Weihegesang
Solchen, ihr Sachsen, beim Becherklang! :,:

So lange glänztest du, o Bundessonne,
    Und immer glänztest du so schön,
O möchtest lang' du sein der Sachsen Wonne,
    Und nimmer, nimmer untergeh'n!
:,: Feierlich töne beim Becherklang
Lang' noch Saxonia's Weihegesang! :,:

So lange wir als Einer Kette Glieder
    Uns stets zu lieben uns bemüh'n,
Und alle wir mit Freuden, meine Brüder,
    Für Sachsens Wohl den Schläger zieh'n,
:,: Brüder, so lange erschrecken uns nicht
Feindliche Schläger, Gesetz und Gericht. :,:

So strahl' auf unsern Bund der Segen nieder,
    Es leb' das blau-blau-weiße Band!
Und auch auf euch, ihr meine Sächsischen Brüder,
    Die bald nun ruft das Vaterland.
:,: Feierlich segne der Weihegesang
Scheidende Brüder beim Becherklang! :,:

Sehn wir uns auch hienieden niemals wieder,
    So denkt doch noch im Vaterland
Im Freundeskreis beim Jubelschall der Lieder
    An mich und unsern Bruderbund!
:,: Ja dort noch ertöne beim Becherklang
Oft noch Saxonia's Weihegesang! :,:

LIV. Freundschaft am Sternenthron.

(Deutsches Studentenlied, um das Jahr 1795.)*)

Freundschaft am Sternenthron,
    Der Menschheit schönster Lohn,
    Reich' uns die Hand!

---

*) Melodie: Die Weise des viel ältern: »Heil unserm Bunde Heil ꝛc.«, in dessen erster Strophe das ursprüngliche: »dem Vaterlande Heil« später in dem »deutschen Bunde Heil« corrumpirt worden ist.

Liebe und Harmonie,
Weicht von dem Bunde nie,
Dem reine Sympathie
Herzen umwand!

Lächle auf uns herab,
Laß bis in's späte Grab
Einig uns geh'n!
Göttin! Dein froh Gedeih'n
Soll ewig Freude sein
Uns, die sich Deiner freu'n,
Dich nur erhöh'n!

In der vollkomm'nen Welt
Ueber dem Sternenzelt,
Wo Liebe thront,
Lächelst du Heil und Ruh
Deinen Verehrern zu,
Wonne gewähret du,
Die Treue lohnt.

Auf, singet Hand in Hand:
Es leb' der Freundschaft Band,
Hoch stets und hehr!
Schwöret beim Becherklang
Freundestreu lebenslang,
Trinket mit Hochgesang
Jubelnd ihn leer!

LV. Göttin Freundschaft, blick' hernieder.

(Deutsches Studentenlied, wahrscheinlich aus dem letzten Decennium des achtzehnten Jahrhunderts.)

Göttin Freundschaft, blick' hernieder
Auf dies feste heil'ge Band,
Das um uns, Saxonia's Brüder,
Lange schon dein Scepter wand.
:,: Segen, Göttin, dieser Stunde,
Dreifach Segen unserm Bunde,
Segen unserm Vaterland! :,:

Aber Heil Saxonia's Sohne,
Der den Freundschaftsbund einst schloß,
Alles Glück' werd' ihm zum Lohne,
Was ein Sterblicher genoß!
:,: Glücklich leb' er in der Ferne,
Für ihn gebe jeder gerne
Blut und Leben willig hin! :,:

Uns're Herzen, frei von Harme,
Stärke heute dieser Wein,
Freude! reich' du uns die Arme
Froh bei diesem Fest zu sein!
:,: Keiner störe uns're Freude,
Wer es könnte, o der meide
Dieses Freundschaftsheiligthum! :,:

Sanft umschlingt uns, theure Brüder,
Noch das blau-blau-weiße Band,
D'rum seid immer brav und bieder
Bis zu eures Grabes Rand.

:,: Leben theilet mit dem Freunde,
　　Muthig trotzet eurem Feinde,
　　　　Der euch eure Ehre kränkt! :,:

Dieser Schläger in der Rechten
　　Werde nie von mir entweih't,
Nur für uns're Ehr' zu fechten
　　Schwör' ich; Brüder, hört den Eid!
:,: Gegen den, der Falschheit fröhnet
　　Und Saxonia's Ehre höhnet,
　　　　Gegen den sei er gewandt! :,:

LVI. Die laute Freude schall' in unserm Kreise.
(Deutsches Studentenlied aus derselben Zeit, Melodie: "Vom hoh'n Olymp ꝛc.")

Die laute Freude schall' in unserm Kreise,
　　Von diesem Bund schall' sie empor;
Ihr Brüder, achtet diese edle Weise,
　　Ehrt unsern Bund im Feierchor!
:,: Es schalle der fröhliche Weihegesang
　　Verbundener Brüder beim Becherklang! :,:

Ja, brav und edel, alles Unrecht meiden
　　Auf reiner, wahrer Ehre Pfad,
Jedoch für Recht, für Tugend stets zu streiten,
　　Dies sei des tapfern Bundes Rath.
:,: Feierlich tön' uns der Weihegesang,
　　Muthiger stimm' uns der Schlägerklang! :,:

So lange nicht ein brüderlich Vertrauen,
　　Die Treue nicht, die Eintracht fehlt,

So lange wir auf's Glück des Bundes bauen,
　　Der jetzt so bieb're Glieder zählt;
:,: Brüder, so lange verzagen wir nicht,
　　Feindliche Schläger erschrecken uns nicht. :,:

D'rum fliehet Streit, denn dieses Ungeheuer
　　Das Gift in die Verbindung speit,
Sein Trieb ist gleichsam ein verzehrend Feuer
　　Und nur Zerrüttung sein Geleit.
:,: Fliehet, ihr Brüder, den inneren Streit,
　　Der auf den Bund nur Elend streut! :,:

Wie schrecklich muß das Laster triumphiren,
　　Wo an Gesetzen es gebricht,
Was soll den Bund in guter Ordnung führen,
　　Thun es des Bunds Gesetze nicht?
:,: D'rum achtet stets des Gesetzes Hand,
　　Umschlungen von dem Freundschafts-Band! :,:

Ach nie vergeßt der Freundschaft heil'ge Schwüre
　　Und uns'rer Herzen festes Band,
Und wechselseitig leite sich und führe
　　Des Bruders und des Bruders Hand!
:,: Feierlich schalle der Freundgesang,
　　Feierlich heute beim Becherklang :,:

Und einst, benetzt von uns'rer Brüder Zähren,
　　Ruht uns'rer Hülle Ueberrest,
Wird unsern Seelenbund kein Meineid stören,
　　Die Ewigkeit knüpft Seelen fest:
:,: Feierlich schalle der Weihegesang
　　Ewiger Freunde beim Becherklang! :,:

LVII. Bang ertönt der Trauer Lied.

(Deutsches Studentenlied, wahrscheinlich aus dem Ende des achtzehnten Jahrhunderts.)

Bang ertönt der Trauer Lied
 In der Freundschaft Runde,
 Schwermuth herrscht in unsrer Mitte,
 Denn es naht mit schnellem Schritte
Ach! der Trennung Stunde.

Du, so theuer mir, so werth,
 Du, so treu und bieder,
 Sieh', es fließt von unsern Wangen,
 Von der Trennung Schmerz umfangen,
Eine Thräne nieder!

Nimm' mit ihr der Liebe Pfand
 Und der Freundschaft Segen;
 Sanft, wie unser Geist, begleite
 Dich der Schutzgott holder Freude
Auch auf fernen Wegen!

Ueber Blumen wandre hin,
 Hin zum fernen Ziele,
 Und, wie hier, für edle Thaten
 Reifen Dir der Wonne Saaten
Und der Freuden viele!

Deiner, deiner denken wir,
 Bis der Vorhang sinket,
 Deiner noch im letzten Schmerze,
 Wenn mit der gesenkten Kerze
Gottes Bote winket!

Schlag' zum letzten Mal denn ein,
  Treue unserm Bunde!
O vielleicht, vielleicht erscheint
Einst, die wieder uns vereint,
  Eine Wonnestunde!

LVIII. Wir schwimmen dahin in dem Strome der Zeit.

(Deutsches Studentenlied aus derselben Zeit, Melodie: „Hier sitz' ich auf Rasen ɾc.")

Wir schwimmen dahin in dem Strome der Zeit,
  Es rauschen die Fluthen,
Ergreifet die Lust, die das Leben uns beut!

O sehet, o sehet, wir fließen dahin,
  Dahin zu der Bahre,
D'rum heget und pfleget den fröhlichen Sinn!

Das Schicksal der Erde bezwinget kein Arm,
  Und wär' er der stärkste,
Es trotzt jeder Freude und jeglichem Harm.

Die Donner verrollen, die Blitze verglüh'n,
  Vergänglich ist alles,
Wir selbst werden alle nicht lange mehr blüh'n!

Es strebt sich entgegen die menschliche Kraft, —
  Beständiger Wirbel,
Der eine zerstört, was der andre erschafft.

Den Körper erwartet das schaurige Grab,
  Beim Trauergeleite
Fährt dumpf in die Grube der Becher hinab.

D'rum weihet, ihr Brüder, der Gegenwart Euch,
   Erhascht ihre Freuden,
Noch eh' Euch hinwegrafft der Philisterwelt Reich!

LIX. Genießt den Reiz des Lebens.

(Jenaisches Studentenlied, aus dem letzten Decennium des achtzehnten Jahrhunderts; fast durchweg Abweichung von dem bekannten Burschenliede gleichen Anfangs.)

Genießt den Reiz des Lebens,
   Man lebt ja nur ein Mal,
Es blinkt uns nicht vergebens
   Der schäumende Pokal!
Auf trinkt! ihr muntern Zecher,
Laßt jeden vollen Becher
Der düstern Sorgen Brecher,
   Der Freude Herold sein!

Laßt Helden sich vergöttern
   Und stolz auf Lorbeer'n bläh'n,
Der Kranz von Epheublättern
   Steht uns nicht minder schön.
In Bacchus schöner'n Kriegen
Verdruß und Gram besiegen,
Dies ist von allen Siegen
   Der allerrühmlichste!

Planeten nachzuspähen,
   Die Sucht sei von uns fern,
Der Stern, nach dem wir sehen,
   Ist Wein, den seh'n wir gern.

Die Gläser voll zu füllen,
Der Liebe Durst zu stillen,
Bedarf man keiner Brillen,
   Braucht man Quadranten nicht.

Was nützen fremde Sprachen,
   Wir trinken Ziegenhain,[1]
Und unf're Schönen fragen
   Gar wenig nach Latein.
Bei liebevollen Küssen
Kann man die Sprache missen,
Die Wollust zu versüßen
   Muß man verschwiegen sein.

In Tiegeln und Phiolen
   Träumt Mancher reich zu sein,
Die Narren! nein, wir holen
   Uns Gold von Ziegenhain.
Und klug ist der zu preisen,
Der seinen Stein der Weisen
An einem liebeheißen
   Gewölbten Busen sucht!

Adeptenkünste blenden
   Uns nicht mit eit'lem Wahn,
Und unf're Nächte wenden
   Wir zu was Beff'rem an.
Wir Klügeren durchwachen
Bei Flaschen sie, und lachen,
Könn'n wir gleich Geld nicht machen,
   Wir können's doch verthun!

---

[1] von dem bekannten Bier-Dörfchen des Namens bei Jena.

D'rum schmeckt den Reiz des Lebens,
　Man lebt ja nur ein Mal,
Es blink' uns nicht vergebens
　Der schäumende Pokal!
Ergreift ihn, frohe Brüder,
Singt hohe Jubellieder;
Bald sinkt der Vorhang nieder,
　Dann geht's in's Todesthal.

Wenn dann die letzte Stunde
　Uns düster überschleicht,
Sei dem gebroch'nen Munde
　Der Scheidetrunk gereicht;
Verlöscht die Gluth der Triebe,
Wird Blick und Auge trübe,
Drückt uns das rechte Liebe,
　Das linke Freundschaft zu.

LX. Auf, —a's bied're Söhne.
(Deutsches Studentenlied aus der nämlichen Zeit.)

Auf, —a's[1] bied're Söhne,
　Die des Abends Feier lud,
Laßt erschallen Freudentöne,
　In der Brust schlägt deutscher Muth;
Laßt — a's Muth entflammen,
Stoßet an und ruft zusammen:
　Heil Dir, edles Vaterland!

---

[1] Name der Landsmannschaft.

Süße Heimath! Deinen Fluren
    Ist die milde Ceres hold,
Rings sieht man Pomonens Spuren,
    Prangend steht der Früchte Gold.
Ceres und Pomonens Gaben
Sind vereint, um uns zu laben
    In dir segensvollem Land.

Welches Feuer, welche Stärke
    Gießt in uns der Rebe Saft,
Facht uns an zu jedem Werke,
    Giebt zum Streit uns Muth und Kraft;
Macht, daß wir der Liebe fröhnen,
Kühner sind bei holden Schönen,
    Deinen Schönen, Vaterland!

Dieser Bund sei Dir zu Ehren
    Hier am grünen Saalenstrand,
Wo wir treu zu bleiben schwören,
    Und von schöner Lust entbrannt,
Schwebt der Geist zu Deinen Hügeln
Auf der Sonne Adlerflügeln,
    Grüßt dich jubelnd: Vaterland!

Bruder, dir soll's wohlergehen,
    Dieser Bund sei heilig dir!
Wenn wir dort uns wiedersehen,
    Lohnt uns Freude so, wie hier.
—a, ja selbst ferne,
Leuchten uns der Heimath Sterne,
    Segen Dir, o Vaterland!

LXI. Senkt die drückende Schwüle.

(Deutsches Studentenlied, um das Jahr 1795; aus Jena.)

Senkt die drückende Schwüle
In die duftende Kühle
   Schäumender Becher hinab!
Trinket beim frohen Gesange,
Trinket, es währet nicht lange,
   Birgt uns ein friedliches Grab.

Laßt die ernsteren Weisen
Sich die Köpfe zerreißen
   Ueber die Ichheit und Raum;
Nur beim gefüllten Pokale
Schwindet beim fröhlichen Mahle
   Leichter wie Nebel der Traum.

Bei der heiligen Stille,
Bei der Mitternacht Hülle
   Sind w r auch Könige hier,
Lachend der Fürsten auf Erden,
Wenn sie nicht trinken, sie werden
   Sterben und modern wie wir.

Unter der singenden Runde
Hebt zu —a's Bunde,
   Freie, die Rechte empor!
Ewige Treue dem Freunde,
Kalte Verachtung dem Feinde
   Steig' aus dem Herzen hervor!

Auch dem trauernden Mädchen,
Das beim summenden Rädchen
    Treulich noch meiner gedenkt,
Werde am Ufer der Saale
Aus der Erinnerung Schaale
    Liebend ein Becher geschenkt!

Wenn die starrende Lippe
Vor des Sensenmann's Hippe
    Bebet der kommenden Nacht,
Dann reicht zum trauten Vereine
Mir noch ein Tröpfchen vom Weine,
    Welchen das Vaterland schafft!

LXII. **Brüder, laßt in Jubelchören.**

(Deutsches Studentenlied, wahrscheinlich aus dem Ende des achtzehnten oder Anfang des jetzigen Jahrhunderts; Mel.: "Vater Noah, Weinerfinder ɪc.")

Brüder, laßt in Jubelchören
    Dies ein Fest der Freundschaft sein,
Nichts soll unf're Freude stören,
    Trinkt! es macht uns froh der Wein,
:,: Und wer beim Weine nicht fröhlich kann sein,
    Wird sich des Lebens nicht oft mehr freu'n. :,:

Aus dem Glase trinkt die Wonne,
    Die uns dieser Tag verschafft,
Trinkt! bald sinkt die Lebenssonne,
    Bald verraucht die Jugendkraft.
:,: Trinkt auf des Bundes der Freundschaft Wohl,
    Schenkt die geleerten Gläser euch voll! :,:

Dieses Glas dem Vaterlande!
— a lebe! Brüder trinkt!
Dies dem — — — Bande,
Das uns Brüder sanft umschlingt!
:,: Hermann's Söhne, schwört beim Wein,
Deutsch und brav wie Hermann zu sein! :,:

Brüder, bieder gleich den Alten
Müsse jeder Bursche sein,
Seine Freiheit aufrecht halten
Und sich nur der Tugend weih'n;
:,: Dem, der ein Sclave des Lasters will sein,
Werde zu Galle der köstlichste Wein! :,:

Zu des besten Mädchens Ehren,
Die mein Bild im Herzen trägt,
Will ich dieses Gläschen leeren,
Daß die Brust mir höher schlägt.
:,: Trinkt, Brüder! denn bei Mädchen und Wein
Kann man die Grillen am besten zerstreu'n. :,:

Aber auch die sich bestreben,
Dieses Festes werth zu sein,
Die uns Herz um Herze geben,
Ihnen dieses Glas mit Wein!
:,: Die unserm Kreise als Brüder sich nah'n,
Ihnen ein Hoch! auf, stoßet mit an! :,:

LXIII. Stimmt an den frohen Rundgesang.

(Deutsches Studentenlied aus derselben Zeit.)

Stimmt an den frohen Rundgesang,
    Mit Saitenspiel durchwebt;
Wir singen ohne Kunst und Mild',
Die Freundschaft giebt uns Harmonie,
    Die nicht an Regeln klebt.

Den Friedensgruß entbieten wir
    Mit warmer Lieb' und Treu'
Der großen Brüderschaft, sie heißt
Die Menschheit, nur ein Frevler reißt
    Dies heil'ge Band entzwei.

Wir gönnen jedem Redlichen
    Des Reichthums schweres Pfund,
Nicht sei er stolz, noch poch' er d'rauf,
Das Glück geht unter und steigt auf,
    Sein Fußgestell ist rund.

Und unsern Schwestern diesen Gruß
    Aus reinem Herzenstrieb!
Ein Thor verläugnet ihren Werth;
Wem Gott ein treues Weib bescheert,
    Gewiß, den hat er lieb!

Dem Mann, der eine Krone trägt,
    Beneiden wir sie nicht,
Wir preisen ihn und jauchzen laut,
Wenn er der Armuth Hütten baut,
    Und Recht der Unschuld spricht.

Der Redliche, mit dem das Glück
    Stiefmütterlich es meint,
Der seinem Schiffbruch kaum entrinnt
    Und nackend an's Gestade schwimmt,
Der finde einen Freund!

Und nun sei noch für unsern Kreis
    Ein Wunsch hier angereiht:
Gieb uns, du Geber hold und mild,
Was alle andern Wünsche stillt,
    Gieb uns Zufriedenheit!

LXIV. Ohne Lieb' und ohne Wein.

(Deutsches Studentenlied aus derselben Zeit.)

Ohne Lieb' und ohne Wein —
Was wär' unser Leben?
Alles was uns kann erfreu'n,
Müssen diese geben.
:,: Wenn die Großen sich erfreu'n,
    Was ist ihre Freude?
Schöne Mädchen, guter Wein
    Einzig diese beide. :,:

Ich bin meinem Mädchen gut,
    Bin es auch den Musen,
Wenn das Närrchen spröde thut,
    Sink' ich ihr an Busen.
:,: Ich trink' auf ihr Wohlergeh'n
    Aus dem vollen Becher,
Würde dies mein Mädchen seh'n,
    Küßte sie den Becher. :,:

Sie, die mich voll Zärtlichkeit
　　An den Busen drückte,
Ihr sei dieses Glas geweiht,
　　Weil sie mich entzückte.
:,: Lange Jahre lebe sie,
　　Vivat! Ihr zu Ehren,
Traute Brüder, laßt uns hier,
　　Schmollis! Gläser leeren! :,:

LXV. Willkommen uns, wem dieses Abends Feier.

(Deutsches Studentenlied aus dem Ende des vorigen oder Anfang des jetzigen Jahrhunderts.)

Willkommen uns, wem dieses Abends Feier
　　Den Busen höher hebt,
Dem nicht der Laune leicht gewebter Schleier
　　Am dunkeln Auge klebt!

Er trete kühn in unf're freie Mitte,
　　Wer's redlich mit uns meint,
Wer bieder denkt nach vaterländ'scher Sitte
　　Und das ist, was er scheint!

Wem Freiheitssinn und ächte deutsche Tugend
　　Nicht gold'ne Träume sind,
Wer Wahrheit schon im Flügelkleid der Jugend
　　Und Weisheit lieb gewinnt,

Der lächelt, wenn das Glück auf seinem Kreise
　　Nach jedem Wind sich dreht,
Und lächelnd noch am Ende seiner Reise
　　Am Grabe schuldlos steht,

Der nicht vor Fürstenblicken muthlos zittert,
   Wenn er für F r e i h e i t spricht,
Den tief der Fluch des Vaterlands erschüttert,
   Hört er die Unschuld nicht.

Denn das ist nur die wahre Handlungsweise,
   Des deutschen Mannes werth,
Es wird dabei in seinem Thatenkreise
   Kein Menschenkind gestört.

Ihm töne hoch von jedem deutschen Zecher
   Ein seelenvolles Lied,
Ihm, ihm gehört der wonnevolle Becher,
   Der von dem Wein erglüht!

Ihm und dem V a t e r l a n d singt uns're Lieder,
   Heil Dir, o Vaterland!
Viel freier schlägt das Herz am Herz der Brüder,
   Die deine Hand verband.

In Deinem Hain, im Dunkel deiner Wälder
   Da reifen M ä n n e r groß,
Und feurig wie der Wein aus deutscher Kelter
   Und brav und makellos.

Zwar sagen manche hochgelahrte Leute,
   Wir wären nicht mehr so,
Nicht mehr so gut. Das sind doch schlechte Leute,
   Das wären Deutsche? Nein!

Pfui — über solche kleine Menschenseelen,
   Stürzt eure Becher um,

Die sehen nicht aus ihren bunklen Höhlen
   Im Vaterland herum.

Noch gibt es D e u t s ch e, laßt es uns beweisen
   Den Thoren unsrer Zeit!
Es giebt noch Herzen, fest wie Stahl und Eisen,
   Und deutsche Redlichkeit!

Bei diesem Glas, im Feierklang der Lieder,
   Am wankenden Altar, —
— — a[1]) schwör' ich Treue, Deutschlands Brüder,
   Im Tod' und in Gefahr!

LXVI. Wer ein rechter Fuhrmann will sein.

(Jenaisches Rundlied aus derselben Zeit, vielleicht auch älter.)

(Solo:) Wer ein rechter Fuhrmann will sein,
        Der muß haben
        Eine gute Peitsche,
        Einen guten Wagen,
        Eine gute Deichsel,
        Dann spannt er vier Füchse d'ran,
        Und fährt damit den Berg hinan!
(Tutti:) Oi, oi, oi, oi, oi ꝛc.
(Solo:) O ha!!!

---

[1]) Name der Landsmannschaft.

LXVII. Auf auf zum Bacchusfest.

(Deutsches Studentenlied, aus dem Ende des achtzehnten Jahrhunderts oder dem Anfang des jetzigen.)

Auf auf zum Bacchusfest,
    Zum Jubel und zum Kuß,
Auf, Brüder, nehmt den kleinen Rest,
    Zum fröhlichen Genuß!
Brüder, nehmt das Glas zur Hand,
Trinkt es ohne Widerstand,
Es lebe unseres Kränzchens ——— Band![1]

Auf aller schönen Mädchen
    Wohlergehen,
Besonders der, die mir gefällt,
    Soll jetzt ein Trunk geschehen.
Wären wir wohl recht gescheidt,
Wenn wir unf're Burschenzeit
So verstreichen ließen, ohne froh zu sein?!

D'rum, Brüder, auf und trinkt!
    Wir sind ja jetzt noch jung,
Im Alter ist es immer noch
    Zum Sorgen Zeit genung.
Wären wir wohl recht gescheidt,
Wenn wir unf're Jugendzeit
So verstreichen ließen, ohne froh zu sein?!

---

[1] alias:
Es lebe unf'rer Freundschaft längst geknüpftes Band!

LXVIII. **Wo bist du so lange gewesen?**
(Jenaisches Rundlied aus derselben Zeit.)

A. Wo bist Du so lange gewesen?
B. In Jena, nicht in Dresden.
A. Was hast du uns mitgebracht,
    Das uns so lustig macht?
B. Ein Gläschen Bier, ein Wein,
    Gebraut in Ziegenhain.
Tutti: :,: Setz' an, setz an,
    Du trauter Cumpan! :,:
       (A. trinkt.)
    :,: Und laß das Gläschen rinnen,
      Bis daß nichts mehr darinnen! :,:
A. Schnapp!
B. Ab.

———

Anhang.

LXIX. **Der Kuß-Geist am Saal-Strande.**
(Blatt aus Jena's Gegend, aus der ersten Hälfte des achtzehnten Jahrhunderts.)

Da wo die Saale fließt
In weichem Sande
Und ringsum Ufer ist
Mit einer Felsenkante,
Da war auf einer von den Höh'n
Vor Zeiten ein altes Schloß zu seh'n,
  ja ja, Schloß zu seh'n.

Das schöne Felsenschloß
Liegt nun in Trümmern,
Darum sich nicht mehr groß
Die blassen Enkel kümmern;
Sonst war's ein kleines Königreich,
Jetzt ist's dem zerstörten Jerusalem gleich,
    ja ja, Jerusalem gleich.

Hier liegt ein Rittersmann,
Wie's heißt, begraben,
Der soll von Jugend an
Was rechts geküsset haben,
Der soll in lauter Buhlerei'n
Und mitten im Küssen verschieden sein,
    ja ja, verschieden sein.

Verseht, ihr Mägdelein,
Euch erst mit Odem,
Es könnte leichtlich sein,
Ihr sänket mir zu Boden.
Ich bin sonst nicht zur Furcht geneigt,
Doch seht wie mir selber die Lippe verbleicht,
    ja ja, die Lippe verbleicht.

Es hat der Polter-Geist
Die schlimme Mode,
Er küßt, was Mägdchen heißt,
Auch jetzt nach seinem Tode.
Den Mägdchen an der Saale Strand
Ist diese Geschichte gar wohl bekannt,
    ja ja, wohl bekannt.

Er hat im Fichtenhain,
Blos um zu küssen,
(Wie kann das möglich sein?)
Manch Mägdchen umgerissen,
Wie manche hat in's Gras gestreckt,
Wer sonst? als der schelmische Geist geneckt,
    ja ja, Geist geneckt.

Wie oft durch's Schlüsselloch
Hat mancher müssen,
Und das ist heute noch,
Sein Weibchen sehen küssen,
Und wenn er's untersuchen läßt,
Ist's immer der schelmische Geist gewest,
    ja ja, Geist gewest.

In einem Städtchen hat
Vor zwanzig Jahren
Des Geistes Frevelthat
Der Magistrat erfahren,
Der schickt nach einem weisen Mann,
Der alle Gespenster verbannen kann,
    ja ja, verbannen kann.

Es kam der Magikus
Und seht, er führte,
Wie weiland Aeolus
Die tollen Winde schnürte,
Den Geist davon mit Faustgewalt,
In seinen geweihten Tornister geschnallt,
    ja ja, Tornister geschnallt.

Er führt den Poltergeist
Geschnallt von dannen,
Um ihn, wie's weiter heißt,
In's Hessenland zu bannen,
Und ausgedörrt von Sonnenschein,
Kehrt er in einem Dörfchen ein,
    ja ja, Dörfchen ein.

Hier ward das Kirchweihfest
Mit Tanz gefeiert,
Der Jüngling ohne West,
Des Mädchens Brust entschleiert,
Der Banner wirft unsäuberlich
Den Sack mit dem Teufelchen neben sich,
    ja ja, neben sich.

Ein Mädchen schlank und rund,
Mit Blinzelaugen,
Die schien den rothen Mund
Recht angenehm zu brauchen,
Die schielt und greift mit leichtem Sinn
Nach dem verwünschten Tornister hin,
    ja ja, Tornister hin.

„Wenn dir zu rathen ist,
Die Hand von hinnen!
's ist weder fein Battist,
Noch Bretzeln drinnen,
Der Kußgeist wittert Mädchenschaft
Und möchte vergehen in seiner Haft,
    ja ja, in seiner Haft."

Das Mägdchen, was der Mann
Dargegen red'te,
Sie hätt' es nicht gethan,
Wenn er geschwiegen hätte,
Kaum aber hat er den Rücken gewandt,
So stiehlt sich herzu die verwegne Hand,
    ja ja, verwegne Hand.

Die tolle Neubegier
Läßt sie nicht rasten,
Sie muß das Murmelthier
Im Mantelsack betasten,
Und weil sie es nicht ergründen kann,
So fängt sie das Bündel zu öffnen an,
    ja ja, zu öffnen an.

Ein Geist (wer weiß das nicht?)
Ist sehr geschmeidig, —
Kaum sieht er Sonnenlicht,
So windet er sich freudig
Zu aller Menschen Furcht und Graus
Aus seinem verhaßten Tornister heraus,
    ja ja, Tornister heraus.

Laut auf das Mägdchen schreit,
Er herzt und drückt sie, —
Vor Angst und Bangigkeit
Und schnellem Schreck erstickt sie;
Der Geist, wie's Jedem kundig ist,
Hat ihrer noch zehne zu Tode geküßt,
    ja ja, zu Tode geküßt.

Noch spukt des Unholds List
Im Saalgrund heftig,
Und ihn zu bannen ist
Die halbe Welt geschäftig,
Doch schnallt ihn wohl noch zehn Mal ein,
Was hilft's, wenn die Mägdchen ihn wieder befrein,
ja ja, wieder befrein?

LXX. Wohl schalle der Jubel im fröhlichen Rund.

(Studentenlied, gesungen bei einem großen Commers zu Leipzig am 17. Dec. 1811, als die Landsmannschaften in Folge eines königl. Stiftes auf kurze Zeit „pro forma" auseinandergegangen waren. Melodie: »Auf auf, Kameraden ꝛc.«)

Wohl schalle der Jubel im fröhlichen Rund,
Wohl grünen die Kränze der Freude,
Hoch töne ein Vivat Thuringia's Bund
Trotz Schmähsucht und hämischem Neide;
Und ob er zerrissen der schöne Verein,
Sein Name wird dennoch unsterblich hier sein!

Erglüht für das Gute in männlicher That,
Verbanden sich Herzen mit Herzen,
Da wallte die Eintracht, nicht herrschte Verrath,
Entfernt von unheiligen Scherzen.
Sie schirmte dem hämischen Feinde zum Trutz
Die Rechte Thuringia's in mächtigem Schutz.

O heiliges Bündniß, und magst du vergeh'n,
Zerrissen von feindlichen Wellen,
Doch wird dein Gedächtniß noch lange besteh'n,
Noch lange erneut sich erhellen.

Das Wahre und Gute, es trutzet der Zeit,
Es trutzet den Stürmen, dem hassenden Neid.

Hebt Alle die blinkenden Schläger empor
Und leeret die wogende Schaale,
Es töne der frohe laut jubelnde Chor;
Laut klingen des Festes Pokale!
Hoch leben die Brüder im feiernden Rund!
Leb' wohl nun auf ewig, du glänzender Bund!

LXXI. Ihr, Eines deutschen Stammes edle Brüder.

(Leipziger Studentenlied, bei der unter LXX gedachten Gelegenheit gleichfalls gesungen. Mel.: Vom hoh'n Olymp ꝛc.)

Ihr, Eines deutschen Stammes edle Brüder,
Versammelt Euch im weiten Rund;
Erhebt Euch laut, ihr jubelvollen Lieder,
Und krönt noch einmal unsern Bund!
Singet und laßt uns den heil'gen Verein
Singend im Liede noch einmal jetzt weih'n!

Besingt die schönen frohen Götterstunden,
Wo uns die Freundschaft Kränze wand,
Wer hätte da nicht Seeligkeit empfunden,
Wer segnete nicht unser Band?
Göttin der Freude, Dir tönet der Klang
Feiernder Lieder im Jubelgesang!

Für's Vaterland zu kämpfen und zu leben
Sei jedes braven Burschen Pflicht,

Mit festem Muthe soll er sich erheben,
Ob neben ihm auch Alles bricht.
Kämpfen für's Gute, — ob's stürmet und bricht,
Sei unsre schönste und heiligste Pflicht!

Bedrängten ihre Rechte zu verschaffen,
Dem Leidenden den Arm zu weih'n,
Zu streiten mit des Muthes Flammenwaffen
Soll unser schönstes Streben sein.
Recht zu verschaffen mit kräftigem Muth,
Brüder! und gält' es auch Leben und Blut!

So tretet denn noch einmal hier zusammen
Und thut des Bundes Ehre kund;
Klingt, Schläger, klingt, steigt auf, ihr heil'gen Flammen,
Ein Lebewohl Thuringia's Bund!
Es klingen die Schläger, wir rufen entglüht:
Vivat Thuringia, die lange geblüht!

Lieder-Anfänge.

	Seite
A a a., vivat Saxonia	167
Ach Mutter, liebe Mutter mein	51
Alles eilt zu seinem Ende	89
Alle Welt schrey: zu den Waffen	30
Allons, so laßt das Glas nicht stehn	110
Armes Herz, gieb dich zufrieden	178
Auf, auf zum Bacchusfest	220
Auf, — a's biedre Söhne	210
Auf, Brüder laßt uns lustig leben	100
Auf, ihr muntern Musen	168
Auf und laßt die Gläser bringen	173
Bald bin ich dem Theologen	145
Bald klopft ein bärtiger Hebräer	144

	Seite
Bang ertönt der Trauer Lied	206
Bruder, wie so mißvergnügt	110
Brüder, auf zur Bundesfeier	194
Brüder, laßt in Jubelchören	213
Brüder, laßt uns Hand in Hand	197
Brüder, nützt das freie Leben	103
Bruder, wenn dich Grillen quälen	184
Brüder, wie wird es die Muse	157
Bursche, lärmet	181
Ça Ça Courage und Degen	141
Ça Ça geschmauset	104
Citatur ad Magnificum	184
Crambambuli, das ist der Titel	96
Cupido, bleib mir doch vom Leibe	139
Da wo die Saale fließt	221
Das ist mein Sitt auf Erden	44
Daß brave Bürger Conto geben	184
Das war ein Tag nach deutschem Brauch	183
Der Bursch von ächtem Schrot und Korn	72
Der liebste Buhle, den ich han	14
Der süßen Freundschaft wollen wir	189
Der Wein, der schmeckt mir also	25
Die ich mir zum Mädchen wähle	145
Die laute Freude schall' in unserm Kreise	204
Dominum pastorem	19
Eh bien! so laßt uns lustig sein	111

	Seite
Ein guter Wein ist lobenswerth	24
Ermuntert Euch, ihr Brüder	147
Es lassen sich die todten Fürsten balsamiren	107
Es lebe Kaiser Joseph hoch	180
Es leben allzumal	194
Es leb mein König Friederich	179
Es tönt herab das hohe Lied der Weihe	199
Fast jeder Schneider	83
Freundschaft am Sternenthron	201
Frisch auf, der Wechsel wird bald kommen	172
Frisch auf, gut Gesell, laß rümmer gan	27
Frisch auf, ihr Brüder allgemein	29
Frisch auf, mein Herz sei guter	56
Frisch auf, Studenten ehrenwerth	56
Frisch, fröhlich, frei ein jeder sei	28
Gaudeamus igitur	165
Genießt den Reiz des Lebens	208
Göttin Freundschaft, blick' hernieder	203
Gottfürchtig sein und streben	23
Haec est illa bona dies	16
Herr Bruder zur rechten	108
Ich bin, um Betrübniß zu meiden	102
Ich bin von Fortuna ein Soldat	141
Ich empfinde fast ein Grawen	36
Ich liebe die Mädchen, ich liebe den Wein	189
Ich lobe mir das Burschenleben	192

	Seite
Ich weiß ein frisch geschlechte	13
Ich will meinen Sinn ergötzen	142
Ihr, Eines deutschen Stammes edle Brüder	227
Ihr Freunde, laßt uns lustig sein	43
Im Kluck Kluck leben wir	190
Ist ein Leben auf der Welt	57
Jo, Jo, Jo, Jo, Gaudeamus	34
Juch hoscha! die freien Studenten	56
Könnt' ich Löwenmähnen	124
Laßt die bangen Grillen fahren	153
Laßt die verdammten Mannichäer	90
Laßt uns lustig sein, weil wir noch leben	136
Laßt uns schlemmen und demmen	44
Lustig sind wir, lieben Brüder	151
Man strebet vergebens, die Wahrheit zu finden	168
Mars läßt sich zur Tafel blasen	127
Mein Freund, dir will ich	38
Mein Herz das springet	33
Munter, frisch zu Felde ziehen	141
Nichts ist mir in Jena lieber	103
Nun merk ich, Bacche, deine Kräfte	192
Nun ruht, ihr schweren Amtsgeschäfte	142
O alte Burschenherrlichkeit	101
Ohne Lieb' und ohne Wein	216
O weh mir armen Mann	22
Philister, schreib mich in dein Buch	146

	Seite
Pro salute Chursachsorum	77
Quicunque velit amare	18
Qui videre mundi	20
Reich mir das kleine Fingerlein	66
Runda, Runda	67
Sa donc, sa donc, so leben wir	111
Sa lustig Courage getrunken	134
Sankt Paulus war ein Medicus	90
Salvete, candidi	41
Sa sa sa, Ihr deutschen Brüder	132
Sa sa, wir Herren sind da	109
Senkt die drückende Schwüle	212
Sequimini o socii	55
Sic vivamus, wir Studenten	155
So lang ich leb', lieb ich den Wein	32
Stimmt an den frohen Rundgesang	215
Traute Brüder, laßt uns hier	176
Unser Band trennt nur der Tod	192
Vergnügte Zeit, wo bist du hin	161
Vivat der Magnificus	98
Was ist der Mensch doch ohne Geld	190
Was ist es, sein verliebt	136
Was kommt da von der Höh	112
Weil wir noch in Altdorf leben	137
Wer dem Baccho zu Ehren	107
Wer ein rechter Fuhrmann will sein	219

	Seite
Wer hie mit mir will fröhlich sein	25
Wer so aus Jena wandern muß	170
Willkommen uns, wem dieses Abends Feier	217
Will mir Minerva nicht	146
Wir müssen es haben, bis daß	59
Wir schwimmen dahin in dem Strome der Zeit	207
Wir Studenten sind vergnügt	159
Wo bist du so lange gewesen	221
Wohl schalle der Jubel im fröhlichen Rund	226
Wo kämpfet Mars itzund	129
Wo man ein fröhlich Schmollis	143
Zieh Schimmel, zieh	113